UNE HUMBLE CAVALCADE DANS LE MONDE DE DEMAIN

DU MÊME AUTEUR

chez Grasset :

La Machine égalitaire, 1987.
La Grande Illusion, 1989.
L'Argent fou, 1990.
La Vengeance des nations, 1991.
Français, si vous osiez, 1991.
Le Média-choc, 1993.
www.capitalisme.fr, 2000.
Épîtres à nos nouveaux maîtres, 2003.
Les Prophètes du bonheur, *Une histoire personnelle de la pensée économique*, 2004.
Ce monde qui vient, 2004.
Le Crépuscule des petits dieux, 2006.
Une sorte de diable, *Les vies de John M. Keynes*, 2007.
Une histoire de France, 2008.
Dix jours qui ébranleront le monde, 2009.
Une histoire politique des intellectuels, 2010.
Un petit coin de paradis, 2011.
L'Âme des nations, 2012.
L'Homme aux deux visages, *Itinéraires croisés : Jean Moulin/ René Bousquet*, 2013.
Vive l'Allemagne !, 2013.
Le Mal français n'est plus ce qu'il était, 2014.
Un Français de tant de souches, 2015.
« Mirabeau criait si fort que Versailles eut peur », 2016.

chez d'autres éditeurs :

L'Informatisation de la société, *avec Simon Nora*, Le Seuil, 1978.
L'Après-crise est commencé, Gallimard, 1982.
L'Avenir en face, Le Seuil, 1984.
Le Syndrome finlandais, Le Seuil, 1986.
Le Nouveau Moyen Âge, Gallimard, 1993.

(*Suite en fin d'ouvrage*)

ALAIN MINC

UNE HUMBLE CAVALCADE DANS LE MONDE DE DEMAIN

BERNARD GRASSET
PARIS

ISBN : 978-2-246-81611-9

Avant-propos

Ce livre se veut un exercice d'hygiène intellectuelle. Tenter de recenser les principales questions qui interpellent aujourd'hui le monde, c'est aussi m'interroger sur ma perception des problèmes clés lors des décennies précédentes. J'avais écrit en 2004 un opuscule, *Ce monde qui vient*. Des interrogations se perpétuent à treize ans d'écart : les effets de la révolution technologique, le basculement des États-Unis, le mystère chinois – impérialisme ou non –, un système économique qui atteint ses limites, le miracle d'une Europe fragile et insubmersible. Nulle anticipation, à l'époque, de la crise de 2007 dont la violence a conduit le monde au bord de l'explosion de l'économie capitaliste, mais seulement l'affirmation du caractère cyclique et fugitif des mouvements de marché.

Les quinze dernières années ont vu émerger des préoccupations, les unes en germe depuis longtemps, les autres entièrement nouvelles. En germe : l'irrésistible et dangereuse ascension des inégalités, au point de nous menacer d'une révolution aux formes inattendues et imprévisibles. En germe : l'accélération des mutations de l'emploi sous la pression des avancées conquérantes du Web. En germe : la poussée des migrations dont l'ampleur semble exponentielle et donc difficilement contrôlable dans le respect absolu de nos valeurs. En germe : l'explosion du populisme et les difficultés, pour nos démocraties, de le contrôler et de le canaliser. En germe : la dissolution de l'Occident sous l'effet d'un divorce de plus en plus prononcé entre les valeurs et la vision du monde des Américains et les nôtres. En germe, enfin : la pression des risques environnementaux et la césure entre l'écologie la plus radicale et les exigences quotidiennes du mieux-vivre.

D'une extrême nouveauté, en revanche : l'entrée du Proche-Orient dans une « guerre de Trente Ans » pour laquelle ne se profile aucun traité de Westphalie, alors qu'au début des années 2000, le monde des accords Sykes-Picot semblait plus que stable. D'une nouveauté, elle aussi saisissante : une vie internationale sans stabilisateur, concert des nations, duopole nucléaire et, depuis la chute du communisme, hyperpuissance des États-Unis, c'est-à-dire tous les modes d'organisation que l'abdication du tuteur américain rend obsolètes. D'une nouveauté, induite par la crise de 2007 : la probable incapacité des gouvernants, États et Banques centrales, de répondre dans le futur à un spasme de même ampleur, avec tous les risques afférents à une telle inaction. D'une radicale nouveauté : l'apparition d'entreprises nées de la nouvelle économie dont la puissance est sans précédent dans l'histoire du capitalisme et dont l'influence semble hors de portée du contrôle des États, aussi longtemps que leurs perceptions différentes du phénomène les empêcheront de se liguer.

Chacun peut contester la hiérarchie de ces interrogations, estimer qu'il en existe d'autres plus essentielles, mais nul ne peut prétendre que celles-ci sont dérisoires et qu'elles ne vont pas accompagner nos lendemains. Toutes portent en elles des risques considérables pour l'équilibre de notre planète, mais une seule certitude, quasi statistique, s'impose : ceux-ci ne se manifesteront pas de conserve. Ce n'est donc pas à un décalogue des malheurs que s'assimile cette modeste cavalcade au cœur du monde de demain, mais à l'esquisse des lignes d'horizon entre lesquelles s'inscrivent les exigences de l'action quotidienne des gouvernants et autres dirigeants de nos pays.

Chapitre 1

Demain une révolution ?

Des jeunes réunis par dizaine de milliers aux États-Unis, au Royaume-Uni, en France. Pour des concerts rock, punk ? Pour de gigantesques fiestas ? Que nenni. Outre-Atlantique pour écouter un vieux sénateur de 75 ans, politiquement inaudible jusqu'alors, qui se déclare socialiste dans un pays où le mot semble démoniaque. Au Royaume-Uni pour applaudir un autre ressuscité de la politique, gauchiste pro-Chávez que ses collègues travaillistes ont longtemps considéré comme un hurluberlu. En France pour soutenir un orateur qui s'adresse sur le ton de Jaurès aux enfants du Web. Sanders, Corbyn, Mélenchon : autant d'idoles paradoxales de la jeunesse à laquelle ils parlent de révoltes, d'injustices, de progrès sociaux avec les mots d'hier.

Lequel d'entre nous aurait imaginé que le terme socialisme semblerait porteur de promesses aux yeux des enfants de l'Internet ? Un tel phénomène dans des pays aussi différents n'est pas anodin. C'est le symptôme d'une vague qui gronde, d'une frustration qui bouscule une génération, d'un climat « pré-1968 », si tant est que les comparaisons soient valables. La réaction la plus naturelle est de voir dans ces mouvements un épiphénomène et de parier sur le triomphe ultérieur du bon sens et de la raison. Mais la prudence ne devrait-elle pas inciter au contraire à chercher les causes de réactions aussi surprenantes et à essayer de recenser les insatisfactions réelles et justifiées que génèrent nos sociétés ?

À ce titre, la première tient en un mot éculé qui a justifié dans le passé tant de mouvements sociaux et qu'on croyait aboli par un demi-siècle de redistribution et de politiques sociales : l'inégalité. Inégalités des revenus ; inégalités des patrimoines ; inégalités éducatives ; inégalités culturelles ; inégalités de statuts ; inégalités géographiques ; inégalités psychologiques. Nous vivons depuis trente ans leur explosion tous azimuts. Ce n'est certes pas la première fois dans l'Histoire : le capitalisme est une machine qui fabrique de l'efficacité et de l'inégalité. Quand, emporté par la mondialisation, la révolution technologique et les libres mouvements de capitaux, il tourne à pleine vitesse, il produit encore plus d'efficacité et d'inégalités. Incontestable dans l'ordre économique, le phénomène prend une ampleur d'autant plus grande que des facteurs concomitants, liés à la dynamique de la société, généralisent cette explosion inégalitaire à tous les domaines de la vie en société. L'incroyable triomphe de l'opus de Thomas Piketty sur le capital est un symptôme de la gravité de la question et de la conscience croissante de l'opinion en matière d'inégalités. Au-delà des polémiques naturelles que suscite un tel succès de librairie et des débats qui l'ont accompagné sur l'exactitude des données chiffrées, la thèse relève du bon sens : les taux d'intérêt réels favorisent une « accumulation primitive » du capital – suivant l'expression de Marx – aux dépens du travail et entraînent une déformation de la répartition de la valeur ajoutée, à l'avantage des revenus capitalistes et au détriment des revenus salariaux.

C'est évidemment aux États-Unis que la distorsion est la plus grande : le 1 % le plus privilégié s'octroyait, il y a trente ans, 8 % du revenu national après impôts ; le chiffre est désormais de 16 %. Toute la richesse créée depuis un quart de siècle est allée à cette étroite minorité et en son sein, de façon prépondérante, aux privilégiés d'entre les privilégiés, les 0,01 %, avec pour conséquence une stagnation, voire une légère baisse du pouvoir d'achat moyen du reste de la population. En Europe, la situation n'est pas aussi caricaturale car le système fiscal aidant, la part prélevée par les 1 % est demeurée stable, autour de 8 ou 9 % du revenu national. Cela étant, toutes les études plus fines, basées sur l'éternel coefficient de Gini[1], ont démontré un accroissement des inégalités dans tous les pays européens, sauf en Scandinavie et en France : impôts massifs obligent.

Mais plus encore que les inégalités de revenus, ce sont les inégalités de patrimoines qui ont explosé et mis fin aux fantasmes propres aux Trente Glorieuses, d'une immense classe moyenne. C'est le résultat de trente ans de taux réels positifs : celui qui possède s'enrichit, celui qui s'endette s'appauvrit. Et la volatilité du capital empêche, en la matière, tout rabotage fiscal, obligeant même les pays à se rapprocher, dans une course sans fin, de celui d'entre eux qui pratique le moins-disant en matière d'imposition du capital. De ce point de vue, la première des inégalités patrimoniales, la possession ou non d'un

---

1. Coefficient de Gini : indicateur synthétique d'inégalités de revenus. Il varie de 0 (égalité parfaite) à 1 (inégalité absolue).

logement, participe de l'écart croissant des modes de vie, poussant à la ségrégation géographique et faisant litière de la convergence de la classe moyenne.

Si les inégalités matérielles étaient compensées par un accès de plus en plus égal à l'éducation et au savoir, la société serait moins déséquilibrée. Or c'est l'inverse qui s'est produit. Il n'existe aucun instrument de mesure de l'accumulation du capital culturel – tel que Bourdieu l'a conceptualisé – qui soit aussi précis que les indices relatifs au capital matériel, mais s'ils étaient disponibles, sans doute feraient-ils apparaître un écart encore plus important entre les situations d'aujourd'hui et celles d'il y a quarante ans. On peut reprendre tous les chiffres et toutes les analyses des *Héritiers* de Bourdieu et Passeron qui ont accompagné tant de « happenings » en Mai 68, et découvrir que sur l'ensemble des paramètres, le contexte s'est détérioré. Accès, en France, aux grandes écoles des enfants de la classe ouvrière et des autres couches modestes, promotion sociale via l'éducation sur une génération, diffusion de la culture et de tous les ingrédients qui concourent à « l'habitus social » – pour demeurer dans les références bourdivines –, poids des réseaux sociaux et de toutes les formes de relations, capacité des autodidactes de s'affirmer, maîtrise des codes de comportement, possession des langues étrangères – ce viatique du monde contemporain : l'ascenseur social, comme on dit aujourd'hui –, tout cela ne fonctionne plus. Et encore les étudiants français ne sont-ils pas confrontés, comme leurs congénères américains et anglais, à l'effet massue du prix de l'enseignement supérieur et donc à la charge d'un endettement qui constitue un boulet pour la vie entière.

Ce n'est pas, comme en matière économique, la fatalité qui a contribué à un tel phénomène, mais l'incapacité de nos systèmes éducatifs de s'adapter à la démographie galopante du monde étudiant, de prendre en compte les enfants issus des communautés immigrées et de compenser, dès l'enseignement primaire, les écarts croissants liés aux milieux familiaux. L'idée de bon sens que, dans des sociétés de plus en plus diversifiées, l'égalité formelle devant l'école aboutit aux plus grandes inégalités, demeure un anathème dans nombre de pays occidentaux, la France au premier chef. De même l'incapacité de donner à l'enseignement technique le même statut qu'à l'enseignement général a-t-elle poussé des générations d'étudiants dans des filières qui se transforment en autant d'entonnoirs, avec à la clef des jeunes qui abandonnent, dégoûtés, les études supérieures et, démunis de savoir technique ou technologique, entrent dans la spirale des emplois précaires et de la marginalisation. Imputer ces dysfonctionnements, comme le font les zélotes du conservatisme éducatif, c'est-à-dire la gauche classique, au jeu du capitalisme est un leurre confortable ; il dispense de l'autocritique qu'en ces matières les générations du baby-boom doivent faire. Mais le résultat est là : au lieu de compenser la croissance, elle inévitable, des inégalités matérielles, l'évolution du capital culturel en a accentué les effets.

On peut s'étonner que dans des sociétés aussi informées et transparentes que les nôtres, la perception des inégalités matérielles et éducatives n'ait pas provoqué de mouvements de masse, mais les indices apparaissent d'une prise de conscience aux conséquences imprévisibles. Aux États-Unis et au Royaume-Uni, l'envolée des droits d'entrée dans les universités a suscité des révoltes parmi les jeunes et constitue peut-être leur premier contact avec les effets les plus visibles de l'inégalité. Penser que la conscience de ces réalités demeurera subreptice et discrète est une illusion. Si le mode de vie des 1 % peut demeurer caché aux yeux du plus grand nombre, les différences éducatives ou les écarts de logement, eux, ne le peuvent pas.

Autres inégalités nées, elles, de l'emballement de la révolution technologique et des modes de fonctionnement du capitalisme : les nouvelles formes d'emploi. Il existe une vision irénique et en partie justifiée de « l'ubérisation » : de nouveaux gisements d'emplois, la possibilité de ramener vers le travail des populations qui en semblaient définitivement exclues, l'expansion des formes d'activité, la capacité de faire participer des auto-entrepreneurs à la vie de grandes sociétés. Mais la face noire du phénomène est de plus en plus visible. Par rapport à la hiérarchie classique des garanties d'emploi – le fonctionnariat, le contrat à durée indéterminée dans les grandes entreprises, dans les petites, le contrat à durée déterminée, l'intérim –, l'ubérisation suscite de nouvelles positions que le droit social ignore. C'est, sous couvert d'auto-entreprenariat et d'autonomie des individus, le retour au degré zéro des relations sociales. Ainsi un marché du travail jusqu'alors divisé entre salariés protégés et non protégés voit-il apparaître un nouveau « lumpenprolétariat ». Sans doute, à l'instar du « lumpenprolétariat » d'autrefois, celui-ci fait-il entrer dans le monde actif des chômeurs. Mais la longue marche du progrès social va devoir reprendre. Épisodiquement sous l'influence de syndicats en voie de constitution et sous la pression de conflits sociaux classiques, en particulier chez Uber, mais aussi sous l'effet de l'intervention publique. De la même manière que le droit social a commencé par limiter la journée de travail, octroyer des congés, interdire les abus de pouvoir patronaux et protéger de la sorte les salariés, un nouveau corpus juridique devra se mettre en place au profit des auto-entrepreneurs « ubérisés », mais ce ne seront que des droits minimaux, à mille lieues des acquis des salariés les mieux protégés. Ainsi une nouvelle division s'installe-t-elle au cœur du monde du travail entre l'univers salarial d'hier abrité derrière les protections acquises au fil des décennies et les nouvelles formes d'activité en apparence les plus modernes, puisque nées de la révolution technologique, mais qui retrouvent les traits de l'aliénation ouvrière d'autrefois.

Au titre des nouvelles inégalités s'en est imposée une, aux conséquences politiques massives, entre la société urbaine et la société périphérique. Ainsi, aux dernières élections présidentielles, Emmanuel Macron avait-il recueilli au second tour plus de 80 % des voix à Bordeaux et à Toulouse, à l'instar des autres grandes métropoles mais dans le Lot-et-Garonne, à mi-distance des deux villes et à une heure d'autoroute au maximum de chacune d'elles, Marine Le Pen était en tête. Autre micro-exemple : Macron obtenait 68 % à Meaux, ville à forte immigration, mais dans des communes périphériques à moins de dix kilomètres et sans le moindre habitant immigré, Le Pen avait l'ascendant. Micro-exemples mais illustratifs d'un phénomène général : le vote populiste croît à mesure de l'éloignement des grands centres urbains. Derrière le clivage si bien décrit par Guilluy entre la France urbaine et la France périphérique se manifestent des inégalités criantes : accès aux services publics, désertification médicale, longs et coûteux trajets en voiture pour rejoindre les zones d'emploi, système éducatif à deux vitesses. Mais plus grave encore apparaît une dimension de psychologie collective, un sentiment d'exclusion qui n'a parfois rien de commun avec la réalité vécue. Ainsi n'est-on pas, à mi-distance de Bordeaux et de Toulouse, hors du monde, mais la perception est, elle, différente ; elle accompagne la naissance de couches sociales insatisfaites parce que se sentant exclues. Ce phénomène n'est pas propre à la France : le vote en faveur du Brexit suit, en Angleterre, les mêmes clivages géographiques et l'électorat de Donald Trump répond aux États-Unis à la même cartographie. Si des politiques publiques peuvent sur une longue période réduire la fracture géographique, leur impact sur la psychologie est beaucoup plus aléatoire. L'installation de l'Internet haut débit aux quatre coins de l'Hexagone ne suffira pas à faire disparaître les votes protestataires en faveur du Front national ou des Insoumis. Nous avons en fait vécu depuis quelques décennies avec une vision fausse du pays, convaincus comme nous l'étions que seuls les quartiers difficiles échappaient à la logique du monde globalisé. Il existait en fait une troisième France qui se sentait oubliée et qui ne trouve d'exutoire à ses frustrations que dans le bulletin de vote.

Et cette réalité est, à des nuances nationales près, l'apanage de tous les pays occidentaux. Toutes ces inégalités, salariales, patrimoniales, éducatives, statutaires, psychologiques se croisent, s'additionnent, s'ignorent ; elles ne s'agrègent pas pour l'instant. Il n'existe pas aujourd'hui de Marx pour donner un cadre idéologique à ces phénomènes, inscrire dans une théorie l'existence de ces groupes de victimes et leur fournir un vade-mecum de combat. De même ne voit-on pas poindre de minorités actives susceptibles de fabriquer l'alliance de tous les insatisfaits, comme les bolcheviques quand ils servaient de ferment à la classe ouvrière. Mais peut-être cette élite militante est-elle sur le point de naître à travers les réactions protestataires de jeunes éduqués qui ont tous les atouts pour s'insérer dans la société globalisée mais ressentent un malaise, à l'instar de leurs parents et grands-parents dont les progrès économiques des Trente Glorieuses ne tarissaient pas l'insatisfaction. Pour l'instant, leur militantisme se limite à un vote de protestation, mais nul ne peut garantir qu'il ne prendra pas des formes plus actives. Depuis près d'un siècle, la volonté d'autoconservation de la société s'est manifestée à travers des politiques sociales de plus en plus sophistiquées : les réformes ont eu raison des fantasmes révolutionnaires, la social-démocratie du socialisme, l'économie sociale de marché de l'économie planifiée. Il serait loisible de penser : à nouvelles inégalités, nouvelles actions, nouveaux systèmes de redistribution. Mais cette équation si longtemps gagnante est désormais compromise.

La fiscalité est une machine opaque pour redistribuer les richesses au sein de la classe moyenne : prendre aux salariés du haut de l'échelle pour donner des aides aux moins favorisés ne répond pas à l'abus de richesse du 1 % et *a fortiori* du 0,01 %. Comme l'économie globalisée pousse à l'allègement de la fiscalité sur le capital, il n'existe nul espoir de voir l'impôt toucher à ces inégalités-là.

On peut certes s'abriter derrière Rawls et la théorie de l'équité pour affirmer que, s'il est l'adjuvant qui permet à l'économie de faire progresser l'ensemble de la population, l'enrichissement de la minorité est légitime. Mais cette réponse philosophique ne suffira pas à apaiser l'esprit de révolte quand il se nourrira de la plus simple des affirmations : trop c'est trop.

De même l'affaiblissement des syndicats empêche-t-il de canaliser les écarts de rémunération à l'intérieur même du monde salarial. En 1978 aux États-Unis, les PDG de grandes entreprises gagnaient 30 fois plus que l'employé moyen de l'échelle, c'est désormais près de 300 fois. Les principes de Henry Ford sur l'échelle des salaires ont volé en éclats. Sont-ce les tâches de direction qui se sont compliquées, au point de justifier une multiplication par dix des écarts de rémunérations ? Bien évidemment, non. Mais le contre-pouvoir syndical n'est plus en état de combattre cette dérive. C'est la peur des révoltes qui poussaient autrefois les patrons à limiter leurs aspirations salariales, bien plus que leurs vertus éthiques. Celle-ci a totalement disparu. Ce sont paradoxalement les actionnaires qui essaient de mettre un frein à cet emballement absurde. Ils ne considèrent plus en effet les dirigeants comme leurs mandataires avec lesquels ils partagent un intérêt commun mais comme une oligarchie contre laquelle ils doivent, le cas échéant, se battre pour la répartition des profits. Nous sommes loin désormais de la « classe managériale » chère à John Galbraith et de son tête-à-tête avec des syndicats raisonnables. Les patrons payés 50, 100, 500 millions de dollars participent, au même titre que les partenaires des fonds d'investissement, d'une classe sociale mue par son propre intérêt et décidée, sous couvert de sa contribution au bon fonctionnement du système capitaliste, à le défendre bec et ongles. Au fond, la seule surprise est pour l'instant la faiblesse des réactions que suscite cette situation contre nature. Or seule la peur de mouvements protestataires de la part de la société civile servira peut-être un jour de frein à cette folle dérive.

Quant aux autres inégalités, elles ne seront pas significativement réduites par un État-providence sur la défensive. Sa réponse historique à tous les problèmes qui lui ont été posés a toujours consisté à dépenser plus. Toujours plus, telle était sa devise, et même si l'efficacité de ces débours n'était pas toujours optimale, au moins œuvraient-ils dans le bon sens. Or ce gigantesque appareil est désormais impécunieux. Ou plus exactement il l'était depuis trente ans, mais il parvenait à se libérer de cette contrainte par un endettement sans cesse croissant. Hormis en Allemagne et dans certains pays scandinaves, cette échappatoire est désormais interdite. Avec un endettement public qui frise 100 % du produit intérieur, les marges de manœuvre ont disparu et l'urgence de desserrer le garrot de l'endettement est d'autant plus grande que la faiblesse des taux d'intérêt ne sera pas éternelle. De là une situation sans précédent : le Welfare State doit réduire la voilure financière au moment même où il lui faudrait repenser ses modes d'action. Le constat est en effet sans appel : immense machine à redistribuer au sein de la classe moyenne, il remplissait sa mission, dès lors qu'un grand mouvement d'égalisation des conditions accompagnait la croissance économique. Son égalitarisme, en l'occurrence son idéologie fondatrice, était au diapason du grand essor de l'après-guerre. Face à la montée de l'exclusion, la marginalisation de populations entières, la panne de l'ascenseur social, cette philosophie confortable est désormais une feuille de vigne destinée à protéger un appareil bureaucratique.

Il était iconoclaste de proclamer, il y a vingt ans, que l'égalité doit céder le pas à l'équité comme ressort du système. C'est désormais une évidence idéologique dont la transcription pratique paraît hors de portée. Telle que Rawls et ses épigones l'ont théorisée, l'équité consiste, en termes pratiques, à concentrer l'action et les subsides sur ceux qui en ont le plus besoin, quitte à réduire les avantages des autres. Transcrits en décisions quotidiennes, ce sont des bouleversements. Concentration des aides sociales sur les plus démunis et réduction, en contrepartie, de la couverture sociale des catégories aisées ; droits d'entrée dans l'université à la charge des étudiants de milieux favorisés et maintien de la gratuité pour leurs alter ego issus des catégories modestes de la population ; politique d'« affirmative action[1] » à l'américaine, si contraire à l'égalitarisme français afin de fabriquer, fût-ce artificiellement, une élite issue des communautés marginalisées. La litanie est infinie des mesures destinées à réorienter le Welfare State vers le soutien aux plus défavorisés et essayer de contrebattre la marginalisation de certaines populations. Chacune d'elles est une bombe politique à fragmentation.

Mais le pire tient au fait que quelques initiatives prises au nom de l'équité ne constituent que des réponses parcellaires à une question majeure.

1. Discrimination en faveur des minorités aux USA.

La réalité est plus inquiétante. Alors que l'État-providence, tel que nous le connaissons, est né d'une multitude de réflexions théoriques, le rapport Beveridge[1] en pleine guerre de 1940 au premier chef, et d'une dialectique presque séculaire entre luttes sociales et décisions gouvernementales, nous devons affronter l'irrésistible ascension des inégalités dans un désert intellectuel. La prise de conscience du phénomène est encore ténue : certes des organismes internationaux, tels le FMI et l'OCDE, si libéral soit leur esprit, commencent à pointer du doigt cette réalité, mais ils s'en tiennent à une approche encore très économique et se limitent à une pétition de principes d'ailleurs discutable : une trop grande inégalité est un frein à l'efficacité. Rien n'est en l'occurrence démontré, tant les États-Unis constituent à cet égard un contre-exemple : l'augmentation hallucinante de l'inégalité n'a nui ni à la croissance des années 2000, ni à son retour après le choc de la crise.

Des signaux encore faibles viennent de la société, telles la mobilisation électorale des jeunes, la résurrection inattendue des vieilles

1. Rapport remis pendant la guerre au gouvernement Churchill et qui fixe les principes de base de l'État-providence sur lesquels fonctionne encore le système.

lunes socialistes, de rares manifestations violentes. Mais nul Marx de la société contemporaine ne point à l'horizon ; nulle pensée globale prenant en compte les enchaînements de la société et les mouvements économiques ; nulle désignation de forces sociales protestatrices ; nulle réflexion technocratique style Beveridge ou Pierre Laroque[1] ; nul débat public ; nul affrontement idéologique.

De quels outils dispose-t-on pour s'emparer du sujet ? Quelques bribes de Piketty dont le diagnostic chiffré s'accompagne de propositions aussi fuligineuses qu'un impôt mondial sur le capital. Des variations de Nozick sur les ambiguïtés de la justice sociale aux conséquences peu opératoires. De la philosophie de Rawls dont la théorie de l'équité permet des actions utiles, quitte à tirer au maximum sur elle comme on tire un élastique jusqu'à la rupture. De la vieille boîte à outils de Bourdieu qui ne contient ni pharmacopée, ni remède. Des lambeaux de pensée technocratique sur les quartiers en difficulté. Des travaux de Guilluy et autres géographes sur les césures territoriales sans qu'ils débouchent sur d'autres

1. Pierre Laroque est le haut fonctionnaire qui a établi en 1945 les principes de la Sécurité sociale en France.

remèdes que des vœux pieux. Sociologues, économistes, politologues pullulent aux quatre coins de l'Occident mais nous vivons, par rapport aux problèmes contemporains, dans un désert intellectuel. Sans idéologie, il n'existe pas de force sociale. Sans force sociale, il n'y a pas de politique possible. Quel est l'équivalent de ce que fut le réformisme social-démocrate dans l'Occident de l'après-guerre ? Quel est le substitut du socialisme étatique ? Quelle est la nouvelle mouture du New Deal rooseveltien ?

Avec un panorama intellectuel et politique aussi indigent, il existe face à la montée des inégalités quatre attitudes possibles. Nier le phénomène le plus longtemps possible : la politique de l'autruche a, de ce point de vue, plutôt réussi depuis dix ans ; elle a obtenu ce qu'elle souhaitait : rien de grave ou d'irréversible ne s'est produit. Pratiquer le catastrophisme : ce sera la tentation des prophètes de malheur dont les Mélenchon et Corbyn ne sont que des préfigurations fatiguées, mais leurs excès, leur absence de solutions plausibles, leur méconnaissance de l'environnement économique risquent de semer à terme la déception chez des militants émotifs mais trop peu structurés pour comprendre l'idéologie qu'ils ahanent. Tabler sur l'autorégulation du système capitaliste, c'est espérer que de microréformes en placebos, d'ajustements ponctuels en fatalisme, les excès seront corrigés et que l'ordre social prévaudra cahin-caha. Parier sur un mouvement social inattendu, imprévisible, aux formes sans précédent, aux conséquences inconnues mais qui, sans subvertir le système politique, induira une onde de choc équivalente à celle que Mai 68 provoqua dans la société en voie d'embourgeoisement des années soixante-dix. À chacun de choisir entre ces quatre possibilités en fonction de son idiosyncrasie. De mon côté, je parie sur la quatrième hypothèse, une onde de choc sociétale violente, heureusement incapable de renverser nos institutions mais dont les conséquences idéologiques, intellectuelles, politiques, économiques seront durables. Et au risque d'ajouter une erreur à une autre, je table sur sa naissance aux États-Unis. C'est au fond supposer qu'un phénomène antinomique du « trumpisme » prendra son essor, c'est-à-dire un populisme protestataire et quasi révolutionnaire. À chacun de faire ses jeux.

Chapitre 2

La prochaine « crise finale » ?

Nous sommes des survivants, ou au moins notre système économique l'est. Qui se souvient encore de la semaine d'octobre 2008 qui a suivi la faillite de Lehman Brothers et le rejet du plan d'aide aux banques américaines par la Chambre des représentants ? Qui se rappelle ces quelques jours marqués par la nationalisation de plusieurs banques britanniques et conclus par la réunion de l'Eurogroupe, élargi à la Grande-Bretagne, à l'occasion de laquelle fut adopté le plan de la dernière chance ? Qui se remémore l'attente fébrile, après son annonce publique, des réactions, à vingt mille kilomètres de Paris, de la Bourse de Sydney ? Celle-ci s'envola et le système financier échappa à une thrombose définitive. Si tel n'avait pas été le cas et si la méfiance s'était perpétuée, les individus se seraient précipités dans les banques afin de retirer leurs avoirs ; ces dernières n'auraient pu répondre à cette demande ; les pouvoirs publics auraient dû limiter drastiquement les retraits, installer la police pour éviter des émeutes devant les agences bancaires, décider de systèmes de rationnement, inventer une forme d'économie administrée, laisser s'établir le troc, le marché noir, l'illégalité, imposer le contrôle des changes, réduire les importations à l'essentiel, suspendre la Bourse…

Quelles auraient été les conséquences politiques de tels spasmes ? La démocratie aurait-elle survécu ? La démagogie, le populisme, le culte du chef auraient-ils triomphé ? Où en serions-nous aujourd'hui ? Cette vision rétrospective peut apparaître exagérée, illusoire, fantasmatique ; nous sommes pourtant passés à une encablure d'un tel désastre.

La sortie du paroxysme de la crise fut un acte de confiance, de la même manière que l'enfoncement dans la crise résulta d'une accumulation de défiances. Défiance des épargnants qui, en août 2007, demandaient le remboursement de fonds gorgés de crédits « subprimes ». Défiance des banques qui refusaient de se prêter entre elles, au point de congeler le marché interbancaire. Défiance des dirigeants des mêmes banques qui ne croyaient pas à la garantie que les gouvernements venaient, dans chaque pays, de leur donner. Et soudain le plan de l'Eurogroupe, très largement inspiré de celui mis en place quatre jours auparavant par le gouvernement britannique, a emporté la confiance des mêmes acteurs et, tel un corps jusqu'alors paralysé, le système de crédit s'est progressivement remis en mouvement. Supposons un instant, en cédant au jeu de l'uchronie, que les pouvoirs publics et les banquiers centraux eussent été aussi intelligents en 1932, la Grande Dépression ne se serait pas propagée comme elle l'a fait ; l'Allemagne aurait peut-être échappé au nazisme et le monde à la Deuxième Guerre mondiale. Quelle différence en effet entre les banquiers centraux des années trente qui verrouillèrent la création monétaire, les gouvernements qui pratiquèrent la déflation budgétaire et leurs héritiers qui, près d'un siècle plus tard, ouvrirent les vannes de la monnaie, transformèrent la dette privée en dette publique et pratiquèrent le déficit budgétaire dans des proportions jusqu'alors peu classiques !

De ce point de vue, l'existence de l'euro a constitué un exceptionnel bouclier. Seule l'Allemagne aurait pu, sans la monnaie unique, s'offrir un plan de relance. Les autres pays, la France en tête, auraient été confrontés à une spéculation contre leurs devises et auraient dû mener des politiques restrictives qui auraient ajouté la récession à la récession, alors qu'ils ont pu, à l'abri de l'euro, mener des relances. Encore celles-ci n'ont-elles pas eu l'ampleur qu'auraient exigée les circonstances, non à cause des contraintes du moment mais parce que les gouvernements étaient victimes de trente années d'endettement destiné à faire vivre artificiellement l'État-providence. Si par exemple la France avait abordé 2007 avec 30 % de dettes par rapport au produit intérieur et non 60 %, elle aurait pu mener une politique keynésienne infiniment plus ambitieuse et serait sortie plus rapidement de la crise.

De plus, nos gouvernants contemporains décidèrent-ils à ce moment-là de mettre le système bancaire en situation d'éviter à l'avenir une crise de même ampleur. Ils le renforcèrent au prix d'augmentations de capital qui, aux États-Unis, balayèrent les anciens actionnaires au profit des nouveaux souscripteurs ; plus pusillanimes par désir de protéger leur actionnariat, les banquiers européens paient aujourd'hui le prix d'une moindre audace. Mais c'est néanmoins la même politique qui fut suivie de part et d'autre de l'Atlantique pour élever drastiquement les exigences en fonds propres des banques, réduire leur levier d'endettement et les ramener à un niveau de rentabilité digne d'un service public, donc inférieur de plus de la moitié à la profitabilité qui était la leur pendant leurs années de folie.

La même intelligence a prévalu trois ans plus tard face à la crise des dettes souveraines, conséquence inévitable du surcroît d'endettement public de 2008/2009. Ainsi des quelques mots de Mario Draghi, témoignant de sa volonté absolue de préserver un euro qu'avec une évidente « Schadenfreude[1] », les médias et les marchés internationaux se plaisaient à enterrer, tant ils n'avaient jamais cru à cette construction, fruit d'une volonté politique qui avait prétendu s'imposer au « laisser-aller, laisser-faire » des marchés. Ainsi d'une politique monétaire allant à rebours des préceptes orthodoxes, avec les Banques centrales achetant des bons du Trésor et des obligations privées dans des proportions inouïes, multipliant par quatre ou cinq les bilans des instituts d'émission, poussant l'originalité jusqu'à imposer des taux d'intérêt négatifs sur les dépôts des banques, faisant vivre durablement l'économie au rythme de taux d'intérêt voisins de zéro.

1. « Joie honteuse » : expression très connue en allemand.

Sans doute ces actions volontaristes se sont-elles, à l'instar de la vie elle-même, accompagnées de contre-effets, au premier rang desquels l'envolée du « shadow banking », c'est-à-dire d'une finance extra-bancaire aussi peu régulée que les banques elles, au contraire, le sont et dont l'opacité peut donner libre cours à des excès aussi massifs que ceux du système bancaire il y a dix ans. Ce n'est pas par négligence que les banquiers centraux ont laissé se développer cet invisible continent financier, mais par incapacité juridique et technique de le contrôler : tel est du moins leur discours. On peut néanmoins penser que si un « hedge fund[1] » est plus insaisissable qu'une banque à réseaux, une action internationale aussi cohérente qu'en 2008 pourrait néanmoins implanter quelques garde-fous.

Autre contre-effet : la disparition des « spreads[2] » entre pays européens, après leur envolée de 2011, sous l'effet de l'action de la Banque centrale européenne, a recréé dans certains pays portés à l'insouciance le même sentiment d'impunité qu'aux lendemains de la création de l'euro, lorsque l'Espagne se finançait aux

1. *Hedge fund* : fonds d'investissement spéculatif.
2. *Spread* : écart de taux entre les emprunteurs, avec pour base zéro le meilleur emprunteur, c'est-à-dire l'État allemand.

mêmes conditions que l'Allemagne ou le Portugal que les Pays-Bas.

Les économies occidentales ont, progressivement, retrouvé le chemin de la croissance, les États-Unis de manière ininterrompue, au point d'avoir rétabli le plein emploi, et maints pays européens de façon impressionnante, après la crise des dettes souveraines. Sans doute les chiffres de la croissance européenne semblent-ils inférieurs de moitié aux agrégats américains, mais c'est oublier que le vrai juge de paix est non la croissance du produit intérieur en termes absolus mais sa croissance par habitant et que, la faiblesse de la démographie européenne aidant, la baisse de la population aboutit à des résultats équivalents. La France fait certes exception puisqu'elle est le seul grand pays d'Europe à avoir connu une augmentation ininterrompue de sa population : cette situation, qui représente un formidable atout à long terme, aboutit en revanche à une quasi-stagnation, depuis dix ans, du produit intérieur par tête. Cette situation joue certainement un rôle dans le pessimisme des Français au regard de l'état d'esprit des autres Européens.

Face à la situation actuelle, plutôt rassurante, la tentation est évidemment grande de retrouver la naïveté des années 2000, de croire à une croissance indéfinie, de tabler sur l'autorégulation du système et de penser que 2007 a été un malheur non reproductible. En fait, trois hypothèses se présentent à nous pour les années qui viennent. Première hypothèse en effet : une expansion régulière, avec de microsautes d'humeur, sans véritable accident. Deuxième hypothèse : un spasme de type 1987, 1997 ou 2001 lors de l'explosion de la bulle Internet. Troisième hypothèse : la réédition d'une crise telle que celle dont nous sortons.

Il existe en effet une différence fondamentale entre l'effondrement boursier de 1987 et le drame de 2007. Dans le cas de 1987 (ou 1997), l'économie a dû affronter une baisse brutale de la Bourse ; elle en a subi les conséquences en matière d'épargne, de pouvoir d'achat et donc de croissance. Elle a néanmoins continué à fonctionner de manière classique, car les circuits de financement bancaire n'étaient pas atteints. En 2007 ce sont tous les marchés, hormis les actions et les changes, qui se sont mis aux abonnés absents. Le système n'avait plus dès lors le moindre oxygène et la congélation menaçait : dans un tel contexte, la baisse des Bourses qui accompagnait ce mouvement de défiance généralisé devenait presque un simple symptôme, voire un phénomène périphérique. Quant au marché des changes il était hors jeu, demeurant quasi stable tant les anticipations étaient négatives pour tous les pays, au premier chef les États-Unis et la zone euro, de sorte que les pronostics sur des évolutions divergentes entre eux semblaient hors de propos.

Mais y a-t-il un raisonnement qui permette de plaider que nous sommes entrés dans une période d'expansion quasi indéfinie, aux microrécessions près, qui sont à l'économie ce que la respiration est à un individu ?

Trois arguments peuvent être opposés à cet irénisme : la faiblesse de la productivité, la pression des dettes publiques, l'absence d'inflation et donc le risque récurrent d'une déflation. Les chiffres montrent en effet une productivité en baisse tendancielle depuis une vingtaine d'années, au point que nombre d'économistes, dont Larry Summers n'est pas le moindre, pronostiquent une « stagnation séculaire » : sans progrès de productivité, en effet, pas de croissance durable. Mais ce constat statistique est complètement contre-intuitif. Ce serait en effet la première fois qu'une révolution technologique irait de pair avec une moindre efficacité de l'appareil productif. Ou alors c'est le thermomètre qui est cassé, c'est-à-dire que nos instruments statistiques ne savent pas prendre en compte l'irruption du Web.

On continue en effet de mesurer la productivité avec les concepts définis dans l'immédiat après-guerre, lors de l'instauration de la comptabilité nationale, donc à une époque où le capital productif ressemblait encore à celui que Marx connaissait quand il élaborait la notion d'accumulation primitive du capital. C'était l'époque où il n'existait que deux facteurs de production, le travail tel que le pratiquaient les masses laborieuses, la classe ouvrière au premier chef, et le capital, addition d'usines, de machines, de hauts-fourneaux, de chaînes de production, etc. Cette classification est apparue très fruste, dès que les services ont pris une place prépondérante dans le produit intérieur ; elle l'est encore davantage quand l'Internet innerve tout l'appareil productif et bientôt tous les produits de consommation. Mais mesurer ses effets est à l'évidence une gageure et aucun travail académique ou technocratique n'y est encore parvenu, de sorte qu'on peut à bon droit tabler sur une productivité cachée, que nulle donnée chiffrée ne mesure mais qui gage le rythme de croissance. Si tel est le cas – il s'agit d'une intuition de bon sens mais aujourd'hui non prouvable –, la révolution

Internet dope l'économie comme en leur temps la machine à vapeur puis l'électricité.

C'est faire le pari qu'un nouveau cycle Kondratiev[1] est à l'œuvre. Un tel mouvement exige que la mutation technologique améliore le fonctionnement de l'appareil productif et simultanément donne naissance à une noria de nouveaux produits de consommation qui stimulent l'appétit d'achats. Tel n'était pas le cas de l'informatique qui accroissait l'efficacité du système de production mais ne provoquait pas une nouvelle demande au niveau du consommateur final. C'est toute la différence avec le Web qui poursuit et amplifie l'incidence de la vague informatique sur la production et surtout engendre une multiplicité de produits finaux qui constituent une part de plus en plus grande des dépenses des individus, et transforment marginalement l'épargne en nouveaux achats. Si l'hypothèse d'un tel cycle Kondratiev se révèle juste, il existe des forces susceptibles de nourrir durablement la croissance.

La pression des dettes publiques constitue-t-elle un frein plus solide à un surcroît d'expansion ?

---

1. Du nom de l'économiste qui a étudié l'effet sur la croissance des révolutions technologiques.

Leur pourcentage comparé au produit intérieur donne en effet le frisson. Encore s'agit-il d'un constat global qui prête à interprétation. L'Espagne, avec un ratio de 80 %, a tangenté la thrombose sur les marchés, alors que le Japon, avec plus de 240 %, n'a jamais subi de vraie tension sur ses taux d'intérêt. La différence tient au fait qu'à l'instar de tous les pays européens, l'endettement de la première fait une large place à des investisseurs internationaux aux aguets, alors que ce sont les épargnants japonais qui financent leur État et leur système social. Mais il existe à l'évidence une limite à la dette publique, d'autant plus forte qu'elle fait appel aux marchés financiers mondiaux. Aussi devrait-on, à un moment donné, voir celle-ci mettre une chape de plomb sur le rythme de croissance. Mais de la même manière que nous avons assisté, au fur et à mesure de la crise de 2008, à la substitution de la dette publique aux dettes privées, il est loisible d'imaginer que le mouvement inverse puisse se produire à la suite du transfert au secteur privé de pans entiers d'activités aujourd'hui dévolus à l'État et ses établissements publics. Cela allégerait mécaniquement le niveau de dettes publiques et donc lèverait partiellement la contrainte d'endettement avec, pour conséquence, une réduction de la pression des marchés. Il n'y a donc pas de fatalité à affirmer que le niveau élevé de dettes publiques constituera à coup sûr dans le long terme un ralentisseur du rythme d'expansion.

Autre risque qui pèse, semble-t-il, sur la croissance : la disparition de l'inflation au point de voir le mouvement de l'indice des prix devenir négatif et plonger l'économie dans la déflation. Les chiffres sont, comme en matière de productivité, impressionnants : seules des politiques monétaires incroyablement osées semblent avoir évité ce basculement. Mais il existe, sur ce plan-là également, un aléa statistique. Élaborés eux aussi lors du grand mouvement de créativité statistique de l'après-guerre, les indices de prix semblent dépassés. Ils mesurent le prix des produits, comme si ces derniers étaient intangibles. Ce ne sont plus les mêmes produits dont les agents des services statistiques relèvent les prix. L'amélioration des performances n'est pas réellement prise en compte : vendre au même tarif un objet dix fois plus performant est équivalent à vendre moins cher le produit d'hier. Aussi les objets nés de la révolution Internet sont-ils, en termes d'évolution de l'inflation, mal appréhendés et les relevés n'ont-ils en la matière guère de signification. Le risque de déflation est peut-être, dans ces conditions, surestimé et le système fonctionnerait avec possiblement un « équivalent-inflation » voisin de l'objectif, mesuré à l'ancienne, de 2 % qu'affichent les Banques centrales.

Y aurait-il un risque de voir s'emballer cette légère inflation sous-jacente sous la pression des hausses de salaires engendrées par le retour au plein emploi et supérieures à l'accroissement de la productivité ? Telle ne semble pas être la situation. Hormis dans les secteurs hyper-syndicalisés de quelques pays, l'Allemagne au premier chef, les salariés ne sont pas en état de mener des conflits sociaux suffisamment durs pour assurer le succès de leurs revendications. C'est *a fortiori* le cas des auto-entrepreneurs, en fait salariés précaires des nouveaux acteurs, les Uber et Airbnb. La vieille corrélation plein emploi, hausse des salaires, inflation, exigence de politique macroéconomique de refroidissement est désormais brisée. Le risque est donc faible de voir l'inflation cachée venir au grand jour et s'emballer. On peut donc légitimement plaider que tous les ingrédients sont réunis d'une croissance durable, freinée de temps à autre par de brefs ralentissements sans conséquence.

Cette hypothèse-là est plausible : elle fait l'impasse sur de vrais spasmes, tels que le système en a connu tous les dix ans. Or cette perspective est au moins aussi envisageable que la vision optimiste d'une croissance régulière. Il est toujours difficile de prévoir l'endroit où le tissu économique va se déchirer. Qui aurait imaginé en 2007 l'éclatement des produits « subprimes » enrobés par les agences de notation du sacro-saint triple A ? D'aucuns voient l'accident arriver aux États-Unis sur les crédits automobiles aussi aléatoires qu'hier les « subprimes » ou sur la dette étudiante qui atteint des montants abyssaux. On peut aussi s'inquiéter des risques inhérents à un « shadow banking[1] » dont la taille est désormais supérieure à celle de l'industrie bancaire et devrait continuer à croître. Les « esprits animaux » qui constituent le moteur même du capitalisme n'ont de cesse de fuir les domaines où la main de la puissance publique est de plus en plus lourde, au profit de ceux qu'elle n'arrive pas à contrôler. Verra-t-on un « hedge fund », au levier financier exorbitant, devenir insolvable, un « private equity[2] » perdre tout crédit sur les marchés de la dette, un gestionnaire d'actifs être emporté par un mouvement de panique de ses clients, une gigantesque faillite immobilière se répercuter sur ses créanciers, un mouvement de

1. Cf. *supra*.
2. Fonds d'investissement qui acquiert des entreprises avec de faibles fonds propres et un endettement massif.

défiance emporter les marchés d'actions, une baisse brutale des obligations publiques et privées entraîner une fuite des investisseurs depuis les fonds spécialisés ?

En fait, la question est autre : les pertes induites par une telle crise seront-elles imputées à l'épargne mondiale, c'est-à-dire morcelées entre des millions d'épargnants, ou viendront-elles amputer les bilans des banques ? 1987, 1997, 2001 ont correspondu au premier schéma : l'épargne a connu un à-coup ; cela a induit des changements de comportements économiques chez les détenteurs de patrimoine mais l'ouverture des robinets du crédit a très rapidement servi de thérapeutique, permettant aux bulles financières de se reconstituer et donc à la machine économique de ne pas trop souffrir.

Compte tenu de l'incroyable relâchement des politiques monétaires depuis dix ans, les banquiers centraux disposent-ils encore de marges de manœuvre suffisantes ? Elles sont entamées : c'est une évidence. Une accoutumance s'est faite à la création monétaire et à l'instar de toute thérapeutique suremployée, le corps économique est devenu résistant. Mais on peut néanmoins postuler que les moyens demeurent de répondre à une crise financière non bancaire, de circonscrire l'incendie et de l'éteindre à force de créer des assignats supplémentaires.

Si en revanche, l'accident dégénère en une crise bancaire, le « pronostic vital » risque d'être engagé. Compte tenu de la meilleure capitalisation des banques, de l'existence de filets de sécurité multiples, seuls un effet psychologique massif, une défiance brutale pourraient entraîner un tel phénomène de contagion. Prenons en effet l'hypothèse de la faillite d'un immense « hedge fund » ou d'un gestionnaire d'actifs puissant, ce sont 200, 300, 400 milliards de dollars de pertes que le système devrait encaisser, dont l'essentiel par les investisseurs, les banques n'étant touchées qu'en second rang. Il faudrait, pour que la crise change d'ampleur, une gigantesque panique, les investisseurs dans les autres fonds retirant en urgence leur argent, ceux-ci n'étant plus en état de procéder aux remboursements et se tournant vers les banques pour se refinancer, ces dernières se dérobant, perdant à nouveau confiance les unes dans les autres et le marché interbancaire s'interrompant brutalement. La mèche qui parcourrait ainsi toute la chaîne financière serait dès lors de nature psychologique.

Face au mystère de la psychologie collective, les interrogations s'amoncellent. Dans quel sens jouerait le souvenir encore vivace de la crise de 2008-2009 ? Pousserait-il à la panique ou servirait-il au contraire d'émollient ? Les agents économiques seraient-ils conscients de la faiblesse des moyens d'intervention aux mains des gouvernements et des Banques centrales ? Ou croiraient-ils au contraire que forts de leur expérience passée, ceux-ci seraient encore plus efficaces que la dernière fois ? Les banquiers seraient-ils tentés de se faire encore moins confiance qu'il y a dix ans et provoqueraient-ils encore plus rapidement la congélation du système ? Ou à l'inverse, seraient-ils conscients, l'expérience aidant, de l'absurdité de cette réaction et considéreraient-ils qu'à tout prendre le risque est moins grand de tenter de maintenir en vie les marchés interbancaires que de les immobiliser ?

Si par malheur ce sont les comportements les plus pusillanimes qui s'imposent, avec à la clef une crise bancaire s'ajoutant à la crise financière, se poserait dès lors la question essentielle des capacités d'action des États et des Banques centrales. Quelles réponses devraient-ils, comme il y a dix ans, donner ? Fabriquer du déficit public et créer de la monnaie ? Endettées jusqu'à plus soif, les administrations publiques ne pourraient trouver de nouvelles ressources, dans des proportions significatives, qu'auprès des Banques centrales. Celles-ci n'auraient d'autres possibilités que de faire flèche de tout bois : financer directement l'accroissement des déficits publics, fabriquer artificiellement une relance en mettant en place une « monnaie hélicoptère », c'est-à-dire en distribuant des subventions aux consommateurs. Plus encore que le « quantitative easing[1] » a pu le faire, ce serait entrer en « terra incognita ».

Comment les individus, les acteurs économiques, les marchés réagiraient-ils à des actions aussi peu conventionnelles ? Adhéreraient-ils à ce grand sursaut ? Apporteraient-ils leur obole en dépensant, investissant, exportant ? Ou désarçonnés, terrifiés, se recroquevilleraient-ils, thésaurisant, considérant cette manne monétaire inattendue comme une « monnaie de singe », se réfugiant dans le troc, l'échange de voisinage, une survie très primitive ? C'est à nouveau le mystère de la psychologie collective. Aucun pronostic n'est possible mais il existe une seule certitude : si les comportements les plus anxiogènes

1. L'achat d'obligations publiques et privées par les Banques centrales.

s'ajoutaient les uns aux autres, la crise à laquelle nous serions confrontés pourrait tourner à la crise finale de l'économie de marché, avec à la clef les conséquences qu'il est loisible d'imaginer sur la démocratie et la vie en société. L'apocalypse n'est pas exclue.

Face à ce panorama, je prends néanmoins mon risque. Autant je ne crois pas à l'hypothèse d'une décennie avec pour seule perspective une croissance régulière et donc sans crise financière de type 1987 ou 1997 ; autant j'ose penser que celle-ci ne dégénérera pas en une crise bancaire de l'ampleur de 2008-2009 car je veux espérer, peut-être à tort, que les acteurs économiques ont gagné en maturité et qu'ils maîtriseraient mieux leurs émotions. À la fin des fins ce ne sont pas les agrégats économiques qui fabriqueraient la crise finale mais bien nous, les individus.

CHAPITRE 3

Les États prisonniers des GAFA

Les GAFA[1] ont jusqu'à présent une image plus sympathique qu'aucune entreprise n'en a jamais eu. Google est une porte sur une connaissance illimitée ; Apple continue à produire des appareils excitants, beaux et conviviaux aux yeux des consommateurs ; Facebook est la clef d'un monde où chacun peut s'ouvrir à autrui et Amazon rend tout facile. Aucune autre compagnie n'a, dans le passé, séduit autant : ni automobile, ni alimentaire, ni *a fortiori* pétrolière. Dans ce climat « baba cool », la prise de conscience de la réalité demeure illusoire. À chaque souci devenu public répond un contre-argument irrésistible. Google a la main lourde vis-à-vis de secteurs économiques entiers mais sa « maison mère » Alphabet pousse la vertu jusqu'à vouloir abolir la mort. Apple abuse du régime fiscal irlandais, mais que

1. Acronyme pour dire Google, Apple, Facebook, Amazon.

serait notre quotidien sans l'iPhone et l'iPad ? Facebook peut exercer un contrôle orwellien sur deux milliards d'individus, mais sans lui notre vie en société serait pauvre. Amazon condamne à mort certains distributeurs traditionnels mais le consommateur n'en a cure, tant il est choyé.

Lorsque la Standard Oil of New Jersey a été démantelée, au début du vingtième siècle, pour comportement monopolistique, nul ne s'en est désolé. Quand ATT a dû éclater, il y a trente ans, en entités multiples, chaque Américain s'est réjoui de voir disparaître un monopole arrogant, bureaucratique et méprisant à l'égard de ses clients. Si l'un des GAFA était soumis au même traitement, nombre de ses usagers craindraient de perdre un service considéré comme un quasi-service public. Le monde entier s'est longtemps préoccupé de la domination à Washington du complexe « militaro-industriel », dénoncé paradoxalement par un ancien général devenu président, Dwight D. Eisenhower. Aujourd'hui, personne ne se soucie d'un « complexe digitalo-politique » infiniment plus puissant. Aucune administration américaine n'a été aussi proche d'un secteur économique que le gouvernement Obama de l'univers Internet : il en a été le bouclier, la direction commerciale, l'alibi politique.

Rien de plus naturel : le « soft power » qu'offre le Web aux États-Unis est plus important désormais pour leurs intérêts que la domination du dollar ou la puissance de Wall Street. Et encore les pouvoirs publics ne tirent-ils pas tous les avantages, hormis dans le domaine du renseignement, de l'incroyable masse de données à leur disposition.

Seule la Chine, fidèle à sa culture mercantiliste, réussit à résister. Elle a érigé une barrière de protection autour de son Internet, entrebâillé la porte aux GAFA, en se réservant la possibilité de la leur claquer au nez, développé des acteurs de même nature qui, une fois rassasiés sur un marché intérieur illimité, partiront à la conquête du monde et en particulier d'une Europe ouverte à tous les vents.

En revanche, les Européens sont à juste titre complexés. La plus grande société technologique née sur le Vieux Continent, SAP, première capitalisation boursière allemande devant Siemens, Daimler et tutti quanti, ne vaut qu'un cinquième d'un seul des GAFA, donc un vingtième des quatre associés ! Mais écrasée en termes d'acteurs boursiers, l'Europe demeure un régulateur puissant : les quatre monstres sacrés ne peuvent faire l'impasse sur un marché de 450 millions d'habitants[1] sur lequel ils occupent des positions majeures – la part de marché de Google est largement plus grande en France qu'aux États-Unis –, qui est hautement rémunérateur et dont ils sont, *nolens volens*, obligés de respecter les règles. Si, conscients de leur abyssale faiblesse face aux GAFA, les Européens décident de se rebiffer, ils ne sont pas démunis de moyens d'action et si stipendiée soit-elle par les GAFA, l'administration Trump ne pourra pas ignorer complètement les signaux envoyés, au nom de l'Europe, par Bruxelles.

La bataille se joue sur quatre terrains : la concurrence comprise dans une acceptation très large, la fiscalité – sujet qui vaut pour tout l'Internet et pas les seuls GAFA –, la liberté d'informer et les libertés individuelles, telles que l'accumulation des données les menace.

Dans l'histoire du droit de la concurrence, les décisions étaient jusqu'à présent territoriales : elles répondaient à des monopoles sur des marchés nationaux. Avec la globalisation et cette forme de globalisation « au carré » que représente le Web, la question se déplace du territoire

1. Hors Royaume-Uni.

américain à « l'économie-monde », suivant la terminologie braudélienne, de sorte que l'action ne peut résulter que d'une concertation entre les autorités concurrentielles au minimum américaines et européennes.

Les quatre GAFA posent à cet égard des questions différentes. Google est un cas sans précédent. Sa part de marché est exorbitante : plus de 85 % aux États-Unis, 92 % en Europe. Ses effets de domination sont sans limite – Google news, Google map, Google travel, les comparateurs de prix, demain Google éducation, Google hôtels et logements, Google « market place », après-demain Google produits de luxe, Google produits culturels… Dès lors que Google décide d'occuper un secteur, nul ne peut lui résister : sa base de données, sa connaissance fine de nos besoins et désirs, sa capacité de pister chacun de nous lui confèrent un avantage sans égal. La Commission de Bruxelles a eu le courage de condamner Google pour sa position dominante en matière de comparateurs de prix. Sa direction « affaires publiques », c'est-à-dire le gouvernement de Washington, a immédiatement protesté en qualifiant de protectionnisme ce qui relevait du simple bon sens.

Mais c'est une course sans fin : Google aura toujours une longueur d'avance pour entrer dans un métier, le dévaster, amener les anciens joueurs à résipiscence, de sorte qu'au moment où Bruxelles décidera une action, le terrain se sera déplacé et l'entreprise, tel un furet, aura filé ailleurs. Si audacieuse soit-elle, Mme Vestager, la commissaire à la concurrence, se bat avec les armes jurisprudentielles d'hier. Les amendes auxquelles elle condamne Google sont à peine des piqûres d'épingle. Pourrait-elle démanteler la société ? Il lui faudrait le concours de son collègue américain : c'est donc peine perdue ! Et même si celui-ci était miraculeusement acquis, les lignes de séparation ne seraient pas claires. D'un côté le moteur de recherche, de l'autre l'activité publicitaire ? Impossible de les dissocier, tant ils sont liés. Interdire les diversifications, les multiples sites estampillés Google ou en limiter les activités ? C'est la voie suivie mais cette régulation-là ne touche pas au cœur du problème : une telle accumulation de données sur les consommateurs offre un avantage irrésistible à Google dès que ce dernier veut ouvrir une nouvelle activité. Obliger la firme de Mountain View à accorder le libre accès à ses bases de données à quiconque en aurait besoin ? Difficilement concevable en économie de marché, car la création de ce capital immatériel est la contrepartie d'investissements, de recherche, d'actions commerciales incontestables. Face à la pieuvre Google, Bruxelles n'a ni les concepts, ni la doctrine, ni les instruments pour mener le combat au niveau requis et ce d'autant plus que la Commission est sûre de ne trouver aucune aide du côté de Washington.

Apple et Amazon sont des animaux plus classiques, en quête de monopoles et d'effets de domination ; ils relèvent des mêmes traitements qu'en leur temps ATT, IBM, ou Microsoft.

Quant à Facebook, c'est un objet encore plus insaisissable que Google. Avec ses deux milliards d'utilisateurs, il est à la tête d'un trésor de données dont, pour l'instant, il fait un usage modéré mais qu'il peut à tout moment mobiliser pour tout objectif, politique, humanitaire ou économique, sans qu'il soit aisé de le contrôler ou de brider ses abus de force. Pour les praticiens du droit de la concurrence, Facebook est un être monstrueux car unique.

Le bon sens exigerait que les autorités compétentes en matière d'« anti-trust », américaines, européennes, japonaises, se concertent et essaient d'élaborer un corps de doctrine face aux GAFA et en particulier aux novations que représentent Google et Facebook, car il n'y a de réponse possible que mondiale. Mais c'est pure naïveté d'imaginer que les Américains entreront dans ce jeu-là. Bruxelles continuera donc à faire de son mieux, imposera quelques milliards de dollars d'amende à des entreprises dont la capitalisation boursière est, pour chacune d'elles, plus de cent fois supérieure. La réalité est simple : ce combat est vital mais la bataille est, pour le moment, perdue.

Le bilan est, en revanche, moins négatif en matière fiscale. Chacun sait que les entreprises de services ont infiniment plus de possibilités que les sociétés industrielles classiques d'optimiser leurs impôts par le jeu des redevances de marques et des prestations variées entre filiales. Le point ultime est atteint par les sociétés de l'Internet, GAFA en tête. Ainsi de la situation de Google dans les pays européens, qui ne paie quasiment aucun impôt en toute légalité : l'administration fiscale française s'est vue condamnée par le juge administratif pour avoir réclamé à Google 1,1 milliard d'euros d'impôts, au nom d'un raisonnement spécieux. Face à cette situation insupportable, les États pratiquent, en fonction de leur tempérament national, deux stratégies. Soit négocier un impôt volontaire que la société est prête à accepter, par peur de choquer l'opinion publique et de compromettre son image commerciale, encore que l'insatisfaction du consommateur ne risque pas de le voir choisir un concurrent puisqu'il n'en existe pas pour Google et Facebook, à peine pour Amazon, davantage pour Apple. Soit essayer de bâtir un consensus international pour mettre en place des instruments fiscaux adaptés au Web, telle une taxe sur le chiffre d'affaires, ou sur la masse de données collectées avec l'élaboration d'un « établissement digital stable » : c'est la voie choisie par la France et l'Allemagne et elle a une chance d'être couronnée de succès. La seule condition est évidemment l'unanimité des Européens. Même si les Américains ne se joignent pas à cette croisade, leurs entreprises devront s'y soumettre, tant le marché européen est vital pour elles. Pour des États impécunieux, la manne fiscale ainsi à portée de main pousse à s'émanciper des règles traditionnelles et à parer au plus pressé. C'est au fond le seul domaine où il est possible de regagner un peu de terrain à court terme sur les GAFA.

Mais la ligne de front avec eux ne se limite pas aux enjeux économiques. Ainsi Google et Facebook remettent-ils en cause, sans doute sans le vouloir, la liberté de la presse telle qu'elle fonctionne aujourd'hui. La captation gratuite d'articles des journaux de qualité, la mise en place de circuits informatifs propres aux réseaux sociaux, le nivellement des nouvelles : autant de phénomènes en germe depuis plusieurs années. S'est ajoutée depuis un an, encore plus grave, la diffusion des « fake news » – les fausses nouvelles – avec des conséquences politiques, voire électorales, délétères. Cette lame de fond a entraîné des réactions en ordre dispersé. Ainsi, en France, le gouvernement de François Hollande avait-il arraché à Google une aumône, un fonds de quelques dizaines de millions d'euros destinés à subventionner des opérations Internet menées par la presse écrite. Cet accord avait même donné lieu à une mise en scène humiliante pour la République : le cérémonial d'un traité diplomatique signé entre François Hollande et Eric Schmidt, le patron de Google ! Mais cet accord ne modifiait en rien la situation actuelle, c'est-à-dire l'usage gratuit par Google des produits des grands journaux. Les Allemands ont été plus ambitieux mais leur énergie n'a pas été dûment récompensée. Le Bundestag a voté une loi pour obliger Google à rémunérer les sites de presse en échange de l'utilisation de leurs articles. L'entreprise de Montain View a réagi avec violence, menaçant de déréférencer tous les sites qui demanderaient l'application de cette loi. Tous se sont pliés, sauf Springer qui a fait de son refus un acte public et militant. Les sites de Springer ont donc été éliminés de la machine Google. Résultat : la baisse de la circulation a été telle qu'au bout de trois semaines, Springer, fût-il le média le plus puissant d'Allemagne, a capitulé en rase campagne. Google a depuis lors mesuré le risque d'une attitude aussi dure et envisage, désormais, de rémunérer partout dans le monde une partie de la matière première journalistique qu'il utilise. De même, après avoir pris une position irresponsable sur les « fake news » dont il ne s'estimait pas comptable, Facebook a mis en place des systèmes de vérification, certes encore balbutiants, des informations qu'il diffuse.

Mais même si les grands acteurs se rendent compte qu'ils ne peuvent avoir la main trop lourde vis-à-vis de la presse écrite de qualité, l'effet de dévastation sera là, aussi longtemps qu'ils ne considéreront pas être dans leur intérêt de soutenir, de financer et de contribuer au développement d'une information de première classe. Ce que Jeff Bezos, le fondateur d'Amazon, a fait à titre personnel en achetant le *Washington Post* et en finançant, fût-ce à fonds perdus, son développement, devrait être mené par les GAFA pour l'ensemble de la presse de qualité. Cela se produira-t-il spontanément ? Faudra-t-il une intervention publique ? Aura-t-elle lieu à temps, avant que certains journaux ne soient blessés à mort ? Cela prendra-t-il la forme d'une taxe redistribuée suivant des règles claires ? Ou les GAFA choisiront-ils arbitrairement les organes qu'ils veulent soutenir, de façon à les asservir, si besoin est ?

C'est normalement la pression de la société civile qui devrait pousser les GAFA à faire des concessions. Le problème tient au fait qu'un consommateur insatisfait d'un fournisseur en change mais que, dans le cas d'espèce, il n'existe pas d'alternative à Google ou Facebook, ce qui renvoie à la question de leur abus de position dominante. Aussi l'opinion n'a-t-elle d'autre possibilité que de faire pression sur la communauté des États afin que celle-ci agisse. Il s'agit d'instaurer un rapport de force mais aussi longtemps que le gouvernement américain ne sera pas à bord, la partie risque de demeurer déséquilibrée.

La bataille se pose dans les mêmes termes à propos des données personnelles. Les GAFA ont pu, pendant de nombreuses années, avancer à découvert, constituer de gigantesques bases de données, ne laisser au consommateur que le droit de mettre une croix en face de contrats illisibles et donc se doter d'un pouvoir sans limite. À force de voir leurs trajets prédéterminés par la géolocalisation, de s'indigner de la perpétuité d'informations légales ou judiciaires, de se sentir violés dans leurs choix de consommateurs, les plus élémentaires ou les plus sophistiqués, et surtout de se découvrir phagocytés par un Big Brother auprès duquel celui d'Orwell ressemble à un enfant de chœur, les individus ont commencé à se rebeller. Mais une fois de plus, la césure entre l'Europe et les États-Unis est flagrante.

Ainsi de la saga relative au droit à l'oubli. Des procédures judiciaires entamées devant les tribunaux des États membres puis devant la Cour de justice de l'Union européenne (CJUE), des interventions aussi puissantes qu'elles le peuvent des autorités de protection des données et en particulier de la CNIL française, très en pointe sur ce sujet, un jugement fondateur de la CJUE, un prochain règlement européen beaucoup plus musclé : autant d'étapes d'une contre-attaque efficace. Google a réagi avec une souplesse inattendue de la part d'un pareil monstre : mise en place d'une justice privée, confiée à des personnalités authentiquement indépendantes, afin de trier des dizaines de milliers de demandes de droit à l'oubli. Aussi le mécanisme fonctionne-t-il bien, à une limite de taille près : ce qui est oublié sur Google.fr ou Google.es ne l'est pas sur Google.com ! Dans un univers déterritorialisé, les décisions européennes ne s'appliquent pas au-delà de l'Union. Avec un trou béant de la taille des États-Unis, les obligations imposées aux GAFA par les Européens deviennent virtuelles.

Peut-on espérer un changement de pied de Washington ? Rien n'est moins probable car risque de se profiler un troc entre l'administration fédérale et les rois du Net. La première n'en peut mais de voir ses requêtes en matière de renseignements relatifs à la sécurité buter sur le cryptage des données détenues par les GAFA. Ceux-ci ne pourront éternellement résister et risquent de devoir rendre les armes au moment d'un prochain attentat. Il est donc de leur intérêt de faire des concessions sur le domaine sécuritaire et d'obtenir en contrepartie que sur les autres enjeux, Washington demeure rétif face aux initiatives européennes et donc *de facto* les bloque. Et le droit à l'oubli n'est qu'un sujet parmi tant d'autres. Aujourd'hui, nombre de banques de données demeurent, dans certains pays, fermées aux GAFA : éducation et santé en particulier. Face au dynamisme des acteurs du numérique, une telle attitude apparaîtra, à coup sûr, comme malthusienne et « anti-innovation ».

Aussi, au prix de chartes d'utilisation plus ou moins solides, ces barrières-là tomberont-elles. Et une fois de plus, la capacité de l'Europe d'exercer, comme elle le souhaite, une régulation efficace, dépendra-t-elle de la volonté de l'administration américaine d'aller dans le même sens. Or la philosophie marchande qui prévaut outre-Atlantique, dans les domaines sanitaires et éducatifs, rendra difficile une harmonisation avec la conception très service public à l'ancienne qui gouverne ces secteurs au sein de l'Union européenne.

L'attitude relative à la protection des données personnelles ne relève pas de divergences techniques, voire politiques, entre les deux rives de l'Atlantique ; elle met en jeu des comportements qui plongent au plus profond des différences de valeurs entre les deux composantes du monde occidental. C'est, à cet égard, une situation nouvelle. Les affrontements économiques des décennies précédentes butaient sur des approches antinomiques du libre-échange ou sur de simples intérêts égoïstes. Le Web s'immisçant dans tous les domaines de la vie en société, ce sont les oppositions les plus essentielles qui émergent : conceptions différentes en matière de liberté d'expression, de vie privée, de droits individuels, de relations à l'innovation, d'habeas corpus, de sécurité intérieure, de rôle du marché, de liberté d'entreprendre, de règles morales… Ce qui suscite parfois l'interdit en Europe serait inimaginable aux États-Unis et vice versa.

L'Internet est une grille de lecture de différences écrites jusqu'alors à l'encre sympathique. Autant dire, dès lors, que le rêve d'une gouvernance mondiale vis-à-vis des GAFA ne se réalisera jamais. Peu probable dans le domaine purement économique, tant la domination des grands du Net est désormais le meilleur vecteur de l'influence américaine, elle est exclue à propos d'enjeux qui mettent en cause bien davantage que des parts de marché, en l'occurrence nos systèmes de valeurs.

Est-ce à dire que les Européens doivent baisser les bras ? En aucun cas, car leurs moyens d'action sont indexés sur les profits que les GAFA tirent d'un marché de 450 millions de consommateurs, au moins aussi intéressants pour eux, voire davantage, que leurs alter ego américains. Ainsi lorsque le nouveau règlement sur la protection des données autorise les autorités compétentes en la matière à imposer des amendes allant jusqu'à 4 % du chiffre d'affaires, tape-t-il au seul endroit auquel les grands du Net sont sensibles, comme toute entreprise, c'est-à-dire le compte d'exploitation. C'est appliquer à d'autres préoccupations ce qui fait la force de l'Union européenne en matière de concurrence : sa capacité à « frapper au portefeuille ». Ce que les Européens n'obtiendront pas à l'échelle du monde par des règles internationales validées en particulier par Washington, sera très partiellement atteint par le seul jeu de sanctions financières. L'Europe des valeurs n'a d'autre arme que le porte-monnaie.

CHAPITRE 4

Combattre le réchauffement climatique est-il une illusion ?

J'appartiens à une génération qui a vu naître, se développer, s'emballer la préoccupation environnementale. De tous les grands sujets politiques, c'est le seul qui soit issu du mouvement de la société civile et que les pouvoirs essaient de suivre cahin-caha, depuis un demi-siècle. Né d'une réflexion quasi philosophique sortie du tréfonds de nos sociétés, il a envahi la sphère publique d'une manière désordonnée, mélange de volontarisme et d'hystérie.

Volontarisme : la décision brutale d'Angela Merkel, après la catastrophe de Fukushima, de mettre fin au nucléaire civil au prix d'un désastre boursier pour les producteurs d'électricité, E.ON et RWE, et sans se préoccuper de la contradiction dans laquelle est prise l'économie allemande, en important de Pologne et de Tchéquie un courant nucléaire produit dans des conditions de sécurité bien pires qu'en République fédérale et en accroissant un recours au charbon infiniment plus polluant que l'énergie atomique.

Incohérence : la politique européenne vis-à-vis du gaz et du pétrole de schiste, certains pays autorisant forages et exploitation, d'autres les seuls forages, les derniers ni les uns ni l'autre.

Absurdité : une production éolienne allemande dopée aux subventions mais non transportable de la mer du Nord en Bavière, compte tenu de l'opposition des écologistes à la construction de lignes à haute tension.

Immobilisme : l'incapacité de la France de se décider sur l'avenir du diesel automobile et de mettre fin à la bataille d'experts, certains niant les progrès du diesel en termes d'émission de CO_2, d'autres les enjolivant, avec comme toile de fond les trucages des constructeurs dans une société avide de transparence.

Illogisme : l'enthousiasme pour la voiture électrique sans s'interroger sur l'origine de l'électricité utilisée et le risque de perdre d'une main par le recours à des centrales combinées ce qu'on gagne de l'autre par la réduction des gaz à effets de serre.

Fantasmagorie à propos d'une énergie nucléaire qui a, en cinquante ans, provoqué moins de décès que les ruptures de canalisations de gaz en une année.

Irréflexion : la passion française pour le chauffage électrique, débouché de la production nucléaire, sans avoir mené du même pas une politique d'isolation thermique des immeubles.

Contradiction entre les États-Unis qui ne taxent pas l'essence et les pays européens pour lesquels elle constitue une manne fiscale.

Désordre entre un gouvernement de Washington dans la main des lobbies énergétiques et des États et des villes dans lesquels le corps électoral donne une prime aux candidats les plus verts.

Tensions politiques entre les pays européens avides de « verdir » leurs politiques publiques et des États en voie de développement qui estiment ne pouvoir s'offrir les surcoûts d'une industrialisation attentive à l'environnement.

Inaptitude : l'impossibilité pour les Français et les Allemands, responsables du destin européen, de dessiner une politique énergétique commune, les premiers demeurant prisonniers de leurs installations nucléaires et les seconds dépendant, fût-ce à leur corps défendant, des énergies fossiles les plus polluantes.

Incapacité, pour les producteurs d'énergie nucléaire, de faire un bilan actualisé entre les coûts actuels de production, les dépenses futures de démantèlement des centrales et le règlement aujourd'hui non résolu du traitement des déchets.

Aucun autre domaine de l'action publique ne connaît un tel foisonnement de contradictions, de désaccords, d'incertitudes. La politique économique se résume, à la fin des fins, à un dosage entre l'offre et la demande, un zeste de keynésianisme contre une rasade de monétarisme, un équilibre entre l'intervention publique et le jeu du marché. La politique sociale, si touffue soit-elle, se ramène à des questions fondamentales mais simples : quel degré de redistribution ? Quelles cibles sociales ? Quelle part laisser au jeu du marché et à l'État-providence ? L'exigence de cohésion sociale et d'intégration des minorités ne s'accompagne pas d'un modus operandi simple mais, au moins, les objectifs sont-ils limpides. La diplomatie se veut un art aux apparences délibérément compliquées mais elle ne laisse guère de place, en matière d'objectifs, au doute et à l'hésitation. Dans aucun de ces champs de l'action publique, l'initiative n'est venue d'une société civile émiettée et contradictoire. En matière sociale, le jeu des acteurs a toujours été omniprésent mais il était simple, lisible et donc susceptible d'ouvrir la voie à des compromis.

Rien de tel dans le domaine de l'environnement car il existe, en amont du quotidien, une querelle philosophique essentielle mais non tranchée. Doit-on protéger la nature en tant que telle ? Ou faut-il le faire au nom des intérêts et des droits de l'homme ? Il y a une différence essentielle entre l'écologie radicale – la « deep ecology » – et l'écologie humaniste. La première place la nature au-dessus de tout, et en particulier de l'homme et de ses droits. Elle s'octroie à la limite la liberté de tuer des individus qui nuisent à sa cause. Brigitte Bardot est, à sa manière, la porte-parole de cette philosophie : « Je préfère les animaux à la plupart des gens. » C'est un retour inconscient, aux yeux de la plupart des épigones de l'écologie radicale, à la tradition aristotélicienne. Pour Aristote, la nature est une fin en soi : « La nature est un but et un ce en vue de quoi. » Dit en termes plus directs, la nature est la référence ultime : une loi est juste ou bonne si elle est ou non conforme à ce qui se passe dans la nature. Dire d'un comportement qu'il est « contre nature » c'est, sans le savoir, s'inscrire dans cette filiation. L'écologie radicale veut fermer la longue parenthèse qui a fait, depuis Descartes, de l'homme la mesure de toutes choses. Aussi nie-t-elle par définition la longue quête des droits individuels et la vision libérale du monde. La nature « supra omnes », c'est l'idéologie la plus réactionnaire, la plus immobiliste qui soit. À l'extrême, l'homme est une pollution : en témoigne le premier décret, si révélateur, pris par le gouvernement nazi dès son arrivée au pouvoir : l'interdiction pour les Juifs d'entrer dans les forêts domaniales. Cette écologie-là est un ingrédient qui trouve sa place dans le chaudron idéologique où bouillent ensemble la primauté de la nature, le rejet de l'autre, le refus du libéralisme, le culte du chef. Pour les militants de l'écologie radicale, toute infrastructure est une atteinte à l'ordre naturel, le progrès technique une perversion. Les « zadistes » – les militants des « zones à défendre » – sont les héritiers de cette approche. Sans doute ne se reconnaîtraient-ils pas dans une définition aussi abrupte de leur identité mais leur manière d'agir, leur discours, leur acharnement sur le terrain ne trompent pas. Il est difficile de concevoir avec eux une politique écologique car celle-ci suppose, par définition, à l'instar de toute action publique, des compromis. Or comment compromettre, si on considère qu'il n'existe qu'une seule valeur suprême, la nature ? C'est un débat aussi vain que de disserter, pour un catholique, de l'Immaculée Conception, ou pour un calviniste de mettre en doute l'existence de la grâce immanente.

L'écologie humaniste se situe aux antipodes de cette approche glacée et glaçante. Celle-ci trouve sa place dans la longue filiation qui naît avec Copernic puis Descartes : la nature n'est pas une fin de soi ; elle ne porte en elle aucun système de valeurs : ce n'est qu'un ensemble de lois mécaniques neutres et, espère-t-on, traduisibles en théorèmes mathématiques. C'est un autre « jusnaturalisme » qui s'impose : l'homme est la norme, non plus la nature, et toute situation se juge par rapport à ses droits inaliénables – les droits de l'homme. Mais faire entrer le respect de l'environnement dans ce corpus n'est pas chose aisée. Hans Jonas, grand évangéliste de la pensée écologique, a cherché à établir les ponts entre les droits de l'homme, tels que les cultive la philosophie libérale, et la défense de la nature.

Il est aisé d'affirmer en théorie que la préservation de la nature relève de la morale car le destin de l'homme est en jeu. Mais le passage dans la réalité politique ressemble à une difficile rentrée dans l'atmosphère. Les dégâts faits à la nature sont irréversibles et cumulatifs. Or la politique se veut réversible et non-cumulative. Les responsables publics valorisent le présent car c'est de celui-ci dont ils doivent rendre compte à leurs mandants. Devant qui sont-ils en revanche politiquement comptables de la dégradation de la nature, du réchauffement climatique, des dérèglements météorologiques ? Lorsque viendra, dans trente ou cinquante ans, le temps des constats, il ne restera guère de souvenirs des décisions prises aujourd'hui et de leur mise en œuvre. Il n'existe pour ces actions aucune autre récompense que le soutien de la fraction de l'opinion sensible à ces enjeux. La règle politique classique – un mandat, une action, une sanction – ne s'applique pas. Ce sont la morale, l'éthique, le devoir qui conditionnent une intervention impossible à codifier dans les termes de la politique classique telle que Machiavel et ses héritiers l'ont établie. À cette contradiction dirimante s'en ajoute une seconde. Non seulement l'environnement ne s'accommode pas du temps de la politique, mais de surcroît il ne trouve pas sa place dans son espace. L'organisation de la gouvernance relève, suivant une métaphore chère à Pascal Lamy, de l'état solide pour ce qui est de la politique nationale, de l'état liquide pour ce qui relève de l'Union européenne, de l'état gazeux pour ce qui concerne le gouvernement mondial. Or, dès lors que la frontière entre la cité des hommes et la nature est abolie, la vraie action ne peut concerner que la terre tout entière. Ce sont à la fois cette réalité et l'impossibilité d'y répondre qui ont conduit à l'admirable artefact du traité de Paris en 2015.

Incontestable, nonobstant les cris d'orfraie des « climatosceptiques », le réchauffement climatique est devenu le symbole de l'angoisse écologique. Il ne résume pas à lui seul, si important soit-il, tous les enjeux environnementaux, mais il en est devenu le substitut et le nom commun. D'un artefact, le traité a la simplicité : un concept unique – empêcher l'accroissement de la température moyenne ou à tout le moins le limiter. Le débat en est même devenu caricatural : au-delà de 2 degrés, la catastrophe ; entre 1,5 et 2 degrés, la perspective d'une maîtrise ; en deçà de 1,5 degré, l'espoir. Or la climatologie n'est pas une science aussi « dure » que les mathématiques ou la physique quantique ; ses conclusions indiquent une tendance, un processus évolutif, non une vérité mesurée à la deuxième décimale. Peut-être ces chiffres sont-ils d'une absolue exactitude mais, même s'ils ne le sont pas, ils remplissent une utile fonction symbolique et idéologique. Ils donnent une réalité à une aspiration multiple et diffuse, née de la société civile, portée par une myriade d'organisations non-gouvernementales, défendue par des dizaines de millions de militants à travers le monde.

Mais artefact, l'accord de Paris l'est aussi car il n'a aucune valeur contraignante ou punitive. Son prédécesseur, le protocole de Kyoto, comportait un mécanisme de sanction et il en est devenu mort-né. Dans un monde multipolaire, avec des acteurs aux logiques contradictoires et avec pour conséquence des relations de plus en plus marquées au coin de la « Realpolitik », l'idée même de sanction est illusoire. Déjà, face à des génocides dont la télévision témoigne chaque jour, la communauté internationale ne parvient pas à établir une échelle de jugements. Comment imaginer, dès lors, une action punitive par rapport à un objectif incertain et fuligineux, aux effets visibles dans des décennies ? Mais en revanche, l'accord de Paris fait un pari sur la transparence et donc sur le levier de l'opinion publique mondiale. S'il est un domaine où cette démarche est légitime, c'est bien l'écologie : née du tréfonds des sociétés civiles, elle peut en faire le juge ultime. Les termes du pari sont simples. Afficher aux yeux des autres pays et de sa propre opinion publique la réalisation progressive des objectifs, c'est faire rentrer l'environnement dans les canons les plus classiques de la politique : pressions extérieures, sanction électorale. En témoigne l'expérience *in vivo* liée à la décision du président Trump de répudier l'accord de Paris. Le prix politique a été immédiat : condamnation internationale, sans précédent, de la première puissance mondiale ; rébellion, sur le plan intérieur américain, de maints États, villes, entreprises. L'artefact a parfaitement fonctionné : il s'est transformé en réalité politique.

Peut-on néanmoins considérer que ce seul artefact peut répondre à l'angoisse écologique mondiale ? Non, naturellement. Il constitue un instrument intelligent pour essayer de cristalliser une action à long terme, mais en réalité, la réponse à la détérioration de l'environnement se joue, pour l'essentiel, dans le quotidien, c'est-à-dire le levier politique le plus puissant. Qui convainc le pouvoir chinois d'accepter à Paris ce qu'il avait refusé lors du sommet de

Copenhague, en l'occurrence un engagement international, non punitif mais transparent, geste qui va à rebours de son culte affiché de la souveraineté nationale ? L'insupportable pollution quotidienne à Pékin, Shanghai et ailleurs. Le totalitarisme du Parti communiste ne s'accommode pas d'élections mais ne nie pas l'existence d'une opinion publique qui trouve un exutoire sur les réseaux sociaux, si cadenassés soient-ils. Le point de rupture vis-à-vis de celle-ci est atteint : une semaine à Pékin suffit à en convaincre le « climatosceptique » le plus enragé. Le sentiment d'oppression respiratoire est partout la meilleure arme politique. On ne disserte plus sur 1,5 ou 2 degrés, moyenne statistique à échéances de plusieurs dizaines d'années, mais sur les maladies du quotidien. C'est ce passage de l'écologie radicale, indifférente à l'homme, à l'écologie humaniste, aspiration collective, puis de celle-ci aux égoïsmes écologiques locaux, qui ouvre une brèche d'espoir. Dans chaque pays, les citoyens, y compris les plus rétifs à l'action des « verts », n'en peuvent plus de l'air irrespirable des villes, des détritus que charrient les rivières, des déchets mal éliminés, des odeurs d'essence, d'une pollution dont souffrent tous nos sens. Cette aspiration écologique-là trouve sa source dans les réflexes individuels les plus banals, mais elle constitue le levier le plus efficace de changement. Le seul environnementalisme effectif résulte d'une addition involontaire des égoïsmes écologiques.

Face à cette urgence de tous les jours, chaque État réagit avec les instruments qui lui sont propres. Tel recourt davantage aux interdictions et aux investissements publics ; tel autre aux subventions et aux avantages fiscaux ; tel autre enfin à l'instrument des prix et à une torsion délibérée du marché. La France nucléarisée ne se comporte ni comme une Allemagne droguée aux énergies renouvelables, ni comme une Chine prête à utiliser un gourdin contre les pollueurs, ni comme une Russie gaspilleuse d'investissements, ni comme des États-Unis tiraillés par des mesures contradictoires. Mais c'est la somme de ces initiatives, toutes différentes, toutes nées de l'idiosyncrasie technocratique de chacun, qui constitue la politique environnementale mondiale. Et parce qu'elle est une addition non maîtrisée, celle-ci ne répond pas à l'ensemble des enjeux désormais ouverts. Ainsi du traitement ou de l'enfouissement des déchets nucléaires, du démantèlement des centrales, de l'appréciation et de la gestion du risque nucléaire qui ne préoccupent aujourd'hui que les militants écologiques et non le tréfonds des populations.

L'environnementalisme ne cesse d'élargir, sous la pression de l'opinion, son champ d'action à la santé publique, ce qui fait disparaître toute ambiguïté par rapport à l'écologie radicale. Les objectifs sont là, limpides : contrôler la nature, un peu pour elle-même mais surtout au service de l'homme et de sa propre survie. L'interdiction des organismes génétiquement modifiés pourrait trouver son fondement dans la protection des produits naturels au nom de l'intangibilité de la nature ; elle s'impose sous la pression de l'opinion publique à cause de l'incertitude que font régner les ajouts chimiques sur la qualité des aliments. De même pour l'usage des pesticides et autres produits chimiques. Le terrain de jeu est, dès lors, beaucoup plus circonscrit qu'en matière de réchauffement climatique : c'est un affrontement classique entre les lobbies professionnels hostiles aux réglementations qui les entravent et les pressions issues de la société civile, avec les pouvoirs publics en quête d'arbitrages acceptables : la politique la plus traditionnelle est en action… Et on en revient, pour reprendre la métaphore de Pascal Lamy relative à la gouvernance, à l'état solide.

Il existe donc trois cercles dans l'écologie. Le premier s'articule autour de l'écologie radicale – la nature « supra omnes » – et est donc hautement idéologique. C'est un champ intellectuel dont les débouchés politiques peuvent être délétères, à la jonction du conservatisme le plus violent, du rejet de l'autre, du culte de l'identité. Et de ce point de vue, l'écologie radicale remplit une fonction particulièrement perverse car elle établit une passerelle entre les extrémismes de droite et de gauche, au point d'effacer un jour les différences entre eux en matière de libertés publiques, d'immigration et de conception de l'homme. La plupart des écologistes radicaux se sentiraient insultés par une telle affirmation mais la réalité idéologique est néanmoins celle-ci, fût-ce à leur corps défendant.

Le second cercle, l'environnementalisme humaniste, tel qu'il s'est imposé sur la scène internationale, pose un problème insoluble de gouvernance mondiale. La logique voudrait que se mettent en place, en son nom, des instruments puissants et coercitifs. C'est, chacun le sait, une chimère, de sorte que le maximum du possible se trouve dans des accords, tel celui de Paris, qui font un pari sur la transparence et une forme éventuelle d'autorégulation. Mais du même pas s'imposent, dans chaque pays, des mesures de plus en plus efficaces, un environnementalisme du quotidien devant lequel les lobbies sont de plus en plus désarmés. L'addition de ces politiques-là aboutira-t-elle, de façon spontanée, au même résultat qu'une gouvernance mondiale utopique ? Sans doute non : des préoccupations seront laissées de côté, des problèmes demeureront sans solution, des accidents se produiront mais néanmoins des progrès seront enregistrés dans le désordre et la désunion. Nul ne saura jamais, par définition, s'ils seront efficaces, puisque le juge de paix politique est reporté à une échéance séculaire.

Le troisième cercle correspond à la jonction de l'environnementalisme et de la santé publique : il ne cessera de se développer mais les mécanismes, les institutions, les règles sont en place pour le gérer avec simplement des différences entre les pays, liées à la fois à des perceptions divergentes du progrès et à des rapports de force différents entre les producteurs, consommateurs et pouvoirs publics.

Situation, en définitive, complexe, mouvante, multiple, insaisissable, hétérogène, en perpétuel devenir : nous n'en avons pas fini, en un mot, dans les dix ans qui viennent, avec la présence quotidienne et obsessionnelle de la question écologique.

Chapitre 5

La fin de la démocratie libérale ?

Les opinions aiment désormais les émotions fortes. La vie publique, telle que les médias et le Web la dessinent, s'assimile au train fou des fêtes foraines : de la frayeur au calme ; de la sérénité à l'angoisse ; de l'inquiétude à l'apaisement. Ainsi sommes-nous, nous Occidentaux, passés en quelques mois de la certitude du triomphe populiste à la conviction de sa défaite définitive.

Brexit, Trump, Le Pen : ainsi allait tourner la roue de l'Histoire. Les médias internationaux et les marchés tenaient pour acquis le basculement de la France et, par un effet de dominos, la disparition de l'Europe libérale. Le coup d'arrêt donné en Autriche, puis aux Pays-Bas, à l'irrésistible ascension du populisme semblait un heureux accident de parcours. C'est l'élection présidentielle française qui a fait basculer du tout au tout le sentiment collectif. Désormais l'optimisme règne à nouveau mais c'est, à l'instar du propos de Blum, en des circonstances bien plus dramatiques, un « lâche soulagement ».

La vérité est tout autre : nous étions convaincus, au moment de la chute du mur de Berlin, que l'économie de marché et, à sa suite, la démocratie allaient conquérir le monde entier : nous en sommes réduits à espérer que l'une et l'autre survivent, dans leurs formes actuelles, en Occident.

En fait, nous avions cru définitivement tranché le débat démocratie directe-démocratie représentative au profit de cette dernière, avec ses corollaires l'État de droit et le jeu des pouvoirs et contre-pouvoirs. La question ne date pas d'hier. Elle naît chez Aristote, qui distingue la démocratie – « la masse gouverne pour elle-même » – et le régime constitutionnel – « la masse gouverne pour tous » grâce à la délibération, source d'intelligence collective. Elle ressurgit à la fin du dix-huitième siècle avec d'un côté l'affirmation rousseauiste – « la volonté générale ne se représente pas » – et de l'autre Madison et Sieyès, le premier affirmant que la volonté populaire, par nature capricieuse, s'épure par la représentation, le second convaincu que le système représentatif est le plus adapté à une société dont la finalité première est de produire des richesses et qui a, de ce fait, tout à gagner à une division du travail, la mécanique représentative assurant le gouvernement de la cité et, libérée de cette tâche, la société se concentrant pleinement sur la production économique.

Cette interrogation récurrente – qu'est-ce que la volonté du peuple ? comment l'exprimer ? – a connu, au fil des décennies, de multiples résurrections. Ainsi, par exemple, de Max Weber et de Joseph Schumpeter pour lesquels la volonté populaire n'existe pas et se résume à une illusion, de sorte que la démocratie s'assimile à une simple lutte concurrentielle sur le marché électoral. Ni système de valeurs, ni règle constitutionnelle ne font foi, à leurs yeux : la politique exprime la simple relation entre les gouvernants et le marché électoral.

Le débat a connu une nouvelle jeunesse, au moins en France, depuis quelques décennies. Il opposait deux tribus intellectuelles, les « républicains » et les « démocrates ». Pour les premiers, l'alpha et l'oméga de la démocratie sont le suffrage universel. Celui-ci s'incarne certes dans le système représentatif mais il trouve sa véritable expression dans la procédure référendaire.

Le peuple est à même de trancher directement toutes les questions, y compris les plus complexes, et son verdict est sans appel. Pour les démocrates, la démocratie se fonde autant sur le suffrage universel que sur un système institutionnel de pouvoirs et contre-pouvoirs que rien ne peut détruire. La règle de droit est d'une essence supérieure ; elle marque des limites, même au suffrage universel. De là le rôle cardinal des Cours suprêmes – en France le Conseil constitutionnel –, le poids de la hiérarchie des normes juridiques, l'existence d'institutions indépendantes du pouvoir politique en charge de parcelles d'intérêt général – Banques centrales, autorités administratives indépendantes. La construction européenne constitue, à sa manière, l'apogée de cette philosophie avec une institution, la Commission, en charge de l'intérêt européen, y compris face aux institutions politiques – Conseil des ministres et Parlement –, et avec une clef de voûte en surplomb du système, la Cour de justice.

Le dernier avatar de l'affrontement « républicains »-« démocrates » s'était conclu, il y a dix ans en France, par la victoire de ces derniers lors de la réforme constitutionnelle instituant la question prioritaire de constitutionnalité, c'est-à-dire le droit pour un citoyen de contester devant le

Conseil constitutionnel la constitutionnalité d'une loi votée par le Parlement, émanation de la souveraineté populaire. Rien ne marquait davantage les limites de cette souveraineté qu'un tel butoir juridique.

La « fin de l'Histoire » semblait écrite : un couple indissociable économie de marché-État de droit. La première encadrée par des institutions indépendantes, telles les Banques centrales et les autorités de protection de la concurrence ; le second arrimé à une mécanique de plus en plus sophistiquée de pouvoirs et contre-pouvoirs. Une fois disparu le communisme soviétique qui niait à la fois l'économie de marché et l'État de droit, on pouvait penser que le système chinois qui acceptait la première et refusait le second finirait, fût-ce à son rythme, par rejoindre le modèle dominant. Celui-ci conquérait par ailleurs, à marche forcée, le reste de la planète. Les anciennes démocraties populaires d'Europe de l'Est s'étaient converties d'autant plus rapidement que cette mutation institutionnelle constituait une condition préalable à leur adhésion à l'Union européenne, eldorado qu'elles espéraient rejoindre au plus vite. Les dictatures militaires d'Amérique du Sud rendaient, les unes après les autres, les armes à la démocratie. Et des pays aussi morcelés ethniquement et religieusement que le Nigeria et l'Indonésie respectaient le suffrage universel au point que des élections tranchées par des scores de l'ordre de 51-52 % contre 49-48 % ne faisaient l'objet d'aucune contestation.

Tel était le panorama à l'aube des années 2000. C'était compter sans l'irrésistible ascension du populisme, l'apparition de cet oxymore dramatique – les démocraties illibérales –, l'essor de phénomènes politiques, à l'époque inimaginables, dont le ressort commun est le refus du système en place et des institutions qui l'incarnent. Europe occidentale ? En France : le Front national et les Insoumis. En Italie : Cinque Stelle et la Ligue du Nord. En Espagne : Podemos. Au Royaume-Uni : la montée de l'UKIP jusqu'à son ultime triomphe, le référendum approuvant le Brexit. En Belgique, Pays-Bas : une extrême droite flamande de plus en plus affirmée. En Autriche : un populisme extrémiste qui s'est approché à 4 % près de la présidence de la République. Au Danemark, havre de paix social-démocrate et de prospérité, un équivalent du Front national en tête de tous les partis. En Finlande, un parti populiste conquérant que seule sa participation au pouvoir commence à pénaliser. Dans une Suède dont le consensus n'avait été perturbé que par l'assassinat d'Olof Palme, une vague populiste sans précédent. N'échappent à cette lame de fond que le Portugal et, plus essentiel, l'Allemagne, le premier peut-être grâce à la permanence – étrange résidu historique – d'un Parti communiste à l'ancienne, la seconde, malgré la montée de l'AfD, du fait de la force des partis traditionnels et des acteurs de la société civile – églises, syndicats, associations – et naturellement de l'ombre portée d'une histoire, encore omniprésente. Au moins en Europe de l'Ouest, la vague populiste s'est-elle arrêtée aux portes du pouvoir.

En Europe orientale, rien de tel ! Elle est désormais aux commandes et dessine un modèle institutionnel délibérément contraire aux canons classiques du libéralisme : la « démocratie illibérale », c'est-à-dire le suffrage universel sans l'État de droit. La Hongrie a été la première à suivre cette voie. Un démontage méthodique des principaux contre-pouvoirs judiciaires, médiatiques, politiques, universitaires, a été possible grâce à une majorité parlementaire pléthorique et suffisante pour modifier, autant que de besoin, la Constitution. Le processus est toujours le même : une loi change les règles de nomination à la tête des institutions indépendantes ; une autre modifie la régulation des médias ; une dernière entame les franchises universitaires et une réforme de la Constitution écorne l'autonomie du pouvoir judiciaire. S'ajoute une ultime manipulation du mode de scrutin législatif, de manière à rendre plus difficile l'alternance et le tour est joué. La Pologne suit pas à pas la même voie : la société civile étant plus tonique qu'en Hongrie, les forces de résistance sont plus grandes et l'espoir d'un renversement électoral plus raisonnable. La Slovaquie imite ses voisins avec simplement davantage de retenue. Elle est en voie d'être rejointe par une République tchèque qui devient, elle aussi, illibérale de façon subreptice. Le nationalisme, la xénophobie, l'antisémitisme, la haine des immigrés constituent la toile de fond idéologique de ces évolutions. S'il n'y avait la crainte de ces pays de se voir privés des subsides massifs de l'Union européenne, sans doute ces régimes-là iraient-ils encore plus loin, passant progressivement de la démocratie illibérale à de semi-dictatures. Il est tentant de se rassurer en mettant ces dérapages sur le compte de la faiblesse du passé démocratique de cette partie du monde. C'est faire litière de l'histoire de leurs révoltes contre le communisme, de Budapest en 1956 à Gdańsk en 1980, et de leurs aspirations à la liberté. Inutile de se rassurer à bon compte.

Comment d'ailleurs se livrer à un tel exercice dans un Occident qui assiste, bouche bée, aux dérapages de Donald Trump ? Le président américain ne parviendra certes pas à transformer la plus grande démocratie du monde en démocratie « illibérale », mais qu'il puisse chaque jour saper, par rage ou ignorance, les fondements de l'État de droit eût été inimaginable il y a encore quelques années. La presse de qualité transformée en traître à la patrie, la justice manipulée autant que faire se peut, la technocratie vilipendée, l'expertise détestée, la compétence méprisée au nom de la lutte contre un « deep State » – un État profond, caché, hostile – dont le peuple espère se défaire grâce à l'action de son chef bien-aimé : qui aurait imaginé les élites de Washington ainsi moquées, humiliées, détestées ?

Que d'assonances entre le fantasme du « deep State » aux États-Unis, la volonté des Kaczynski et Orban d'arracher, telles de mauvaises plantes grimpantes, les structures de pouvoir passées dans leurs pays du communisme au libéralisme, la haine du « système » des Le Pen, Mélenchon, Beppe Grillo ou Iglesias. Cette vague qui submerge l'Occident va de pair avec un culte des hommes forts aux quatre coins du monde. Qui aurait imaginé l'héritage d'Atatürk, sa quête de l'occidentalisation, sa laïcité conquérante, son ambition moderniste, ses institutions en apparence solides mises cul par-dessus tête par un Erdoğan qui trouve dans le suffrage universel le meilleur instrument de combat ? Dans le monde en développement, vingt-cinq démocraties ont disparu ces dernières années et des pays qui avaient préservé un système électoral de bonne qualité élisent des « caudillos », des hommes forts qui, une fois au pouvoir, ne s'embarrassent d'aucune des précautions auxquelles leurs prédécesseurs s'étaient ralliés.

Cette lame de fond a un nom de code : le populisme. Elle a un refrain : la haine des élites. Elle se nourrit d'un fantasme : le peuple. De Trump s'adressant aux ouvriers de la « Rust Belt[1] », jusqu'à Grillo en appelant aux mânes du peuple italien, de Le Pen ou Mélenchon s'arrogeant l'usage exclusif du mot peuple, jusqu'aux « indignés » de Podemos, des xénophobes finlandais qui s'intitulent Parti du peuple jusqu'aux nationalistes polonais, l'antienne est toujours la même : la révolte du peuple. Les ressorts sont semblables : la peur, le ressentiment, le sentiment

1. « La ceinture rouillée », c'est-à-dire les vieux États industriels atteints de plein fouet par les effets de la mondialisation.

d'abandon, « la soif de vengeance qu'on ne peut assouvir », selon Max Scheler. Encore faut-il un bouc émissaire, un coupable idéal : les élites, mot passe-partout qui ne veut rien dire. Le peuple a vaincu contre les élites : telle fut l'antienne qui a accompagné les résultats du référendum européen en France en 2005. Donc le peuple : 55 %, les élites : 45 % ! Absurde, contradictoire dans les termes : le peuple était dans les deux camps. Autant les vieux clivages marxistes – bourgeoisie face au prolétariat, exploités face aux exploiteurs, classe dominée face à la classe dominante – avaient une réalité sociologique, autant le peuple contre les élites est un pur fantasme. Les élites existent ; leurs pouvoirs ne cessent de se renforcer ; les inégalités croissantes nourrissent leur ascendant ; elles s'assimilent aux 1 %, le 1 % le plus riche ou le 1 % le plus diplômé ou le 1 % bénéficiaire du meilleur capital culturel dans une vision à la Bourdieu. Mais face à ces élites-là, le peuple représente 99 % de la population ; il intègre l'essentiel des populations que les populistes vouent aux gémonies : cadres, universitaires, partisans de l'économie de marché, enfants de la mondialisation.

Ce n'est donc pas cette représentation-là du peuple que les populistes font leur. En fait, ils mêlent trois matrices différentes sans délibérément les distinguer. Une essence nationale d'abord : elle peut être ethnique, territoriale, linguistique et son corollaire est le refus de l'autre, l'immigré au premier chef, mais aussi le cosmopolite ou l'internationaliste. Une identité sociale ensuite : elle correspond à l'immense cohorte des victimes de la modernisation qu'on appelle la mondialisation, pour retrouver, par ce détour, l'identité nationale. Ce sont tous ceux qui ont le sentiment viscéral d'être laissés sur le bord du chemin par la perte d'emploi, l'éloignement géographique, l'accélération technologique : aux populistes de faire un usage de cette accumulation de frustrations. Une nature politique enfin : elle se retrouve chez les individus qui ne se sentent pas représentés par les mécanismes institutionnels : non inscrits sur les listes électorales, abstentionnistes, électeurs qui utilisent leur vote en signe de refus. Ces trois matrices peuvent se superposer : elles correspondent au cœur des mouvements populistes. Mais l'objectif politique des populistes est de les additionner. Au leader charismatique d'y parvenir.

Car il n'y a pas de populisme sans un chef qui prétend incarner le peuple et transcender dans un lieu charnel toutes les barrières sociales. Il n'y a pas un seul populisme aujourd'hui sur la planète qui ne s'identifie à un homme. Et les chefs populistes se ressemblent tous : vociférants, énergiques, phalliques – un leader femme fait figure d'exception –, tonitruants, simplistes, mensongers, violents. De là un style populiste qui, par contagion, déteint parfois sur les partis plus traditionnellement démocrates. Il se nourrit d'anti-intellectualisme. Rien n'est plus logique car les détenteurs du savoir sont les ennemis naturels du populisme. De là, au-delà des mensonges rhétoriques, le culte des « fake news », l'affirmation qu'il existe des « vérités alternatives », de manière à rejeter par anticipation toute critique scientifique, démontrée, chiffrée. Le bolchevisme avait produit ses Lyssenko ; le populisme n'atteint même pas ce stade-là, c'est-à-dire la construction d'une science alternative. Scientiste, le marxisme avait besoin de fabriquer sa propre science ; aucune forme de populisme ne s'y essaie car il ne veut rien avoir à faire avec toute forme de savoir. Où sont les scientifiques en sciences dures ou molles enrégimentés derrière Le Pen, Grillo, Orban, Trump ? Nulle part et d'ailleurs aucun de ces leaders ne se lance dans une quête effrénée et vaine de cautions scientifiques.

Ainsi construit, le populisme nouvelle manière ne rime plus automatiquement avec l'extrême droite. Il peut naître à l'extrême gauche, voire participer d'un précipité où se mêlent à l'état quasi pur des composants issus des deux extrêmes. Marine Le Pen a cherché en vain cette synthèse mais son identité personnelle, son hérédité rendent l'opération difficile. Beppe Grillo l'a en revanche parfaitement réussie. De tous les populismes, celui qui parvient à cette combinaison est naturellement le plus dangereux car dans des pays où l'histoire politique imprègne à chaque instant la vie publique, il multiplie les sources de recrutement et accroît les espaces de conquête. À maintes reprises au vingtième siècle, extrémismes de droite et de gauche se sont croisés, confortés, renforcés, mais cette alchimie est plus dangereuse qu'autrefois car ce ne sont plus des convergences idéologiques qui sont en jeu mais des bataillons électoraux qui s'ajoutent les uns aux autres.

Face à ce phénomène politique inattendu et imprévisible à l'orée des années 2000, les explications, toutes *a posteriori*, abondent. La plus naturelle est l'impact de la crise de 2008-2009. Récession brutale, ralentissement ultérieur de la croissance, stagnation du commerce international, crises des dettes souveraines : autant de chocs macroéconomiques dont les conséquences furent la hausse massive du chômage, l'envolée du chômage des jeunes, la baisse fût-elle faible du pouvoir d'achat, la pression sur les dépenses publiques et les coups de rabot portés à l'État-providence. De là le réflexe conditionné du recours à l'analyse marxiste, fût-elle inconsciente : l'économie demeure la matrice de nos sociétés ; elle porte en elle les dérives politiques, telle la nuée l'orage. Nul ne peut nier le parallélisme entre le chômage et autres difficultés économiques d'un côté, l'ascension du populisme de l'autre, au moins dans certains pays. Mais cette causalité ne vaut ni pour des États-Unis en plein emploi quand ils élisent Donald Trump, ni pour le Danemark voué à la félicité économique, ni pour une Pologne, seul État membre de l'Union européenne dont la croissance économique a été à peine écornée par la crise.

Autre explication d'essence marxiste : la mondialisation a accéléré la disparition de pans industriels entiers, la marginalisation de populations ouvrières, l'exclusion d'individus inaptes face au progrès technologique, avec pour conséquence, en termes de psychologie collective, la montée des frustrations, de la colère, du sentiment d'abandon. C'est le bain amniotique du populisme. Toujours d'esprit marxiste : les conséquences d'une inégalité accrue, tant les dix dernières années ont vu s'élargir les écarts de revenus, de modes de vie, d'espoirs de promotion sociale entre les gagnants de la globalisation et ses laissés-pour-compte. Or, aucune lutte sociale n'est née en réponse à cette insatisfaction grandissante. La peur de perdre son emploi, la crainte de voir amputer son revenu et surtout l'affaissement des syndicats expliquent une faible conflictualité dont le substitut se trouve dans le maniement du bulletin de vote. Ce n'est certes pas de 2007 que date l'effacement des syndicats. Les petits Blancs de la « Rust Belt » étaient, il y a cinquante ans, les ouvriers protégés par les syndicats hyperpuissants, presque totalitaires, de l'acier et de l'automobile, dont l'omnipotence a poussé les entreprises à délocaliser non au Mexique comme le prétendent les ennemis de la mondialisation mais dans les États « non-unionized[1] » du sud des États-Unis. De même dans les corons des anciens bassins miniers du nord de la France le vote communiste, encadré par la CGT, s'est-il métamorphosé en vote Front national. Dans une société où les communautés ont pris l'ascendant

1. Là où les salariés ne se syndiquent pas.

sur les anciennes classes sociales, les « petits Blancs » sont devenus à leur tour une communauté tournée vers sa propre défense, à l'instar de maints autres groupes minoritaires. Ce n'est pas un hasard complet si le pays d'Europe où les syndicats demeurent forts, au point d'arracher d'importantes concessions au patronat, l'Allemagne en l'occurrence, demeure celui où le populisme piétine le plus.

Cette explication n'est pas absolue : si le vote populiste est devenu majoritaire au sein du monde ouvrier, il est aussi l'instrument de protestation d'autres catégories menacées ou se sentant agressées : agriculteurs, artisans, petits commerçants et jeunes de moins de trente ans convaincus que la société ne leur réserve aucun avenir. Mais au-delà même des syndicats, l'effondrement des corps intermédiaires et des structures d'encadrement de la société – églises, associations de toutes natures – a laissé le champ libre aux pulsions populistes. L'État de droit fait corps avec une société complexe, structurée par des institutions innombrables, officielles ou spontanées : quand celles-ci sont en recul, laissant le citoyen seul face à l'État et donc au pouvoir politique, la voie est ouverte pour le simplisme idéologique, les raccourcis médiatiques, l'adhésion à un leader charismatique et donc le vote protestataire.

Il est, depuis des décennies, de bon ton de proclamer la victoire de l'individualisme aux dépens des solidarités collectives, des réflexes de groupe, des adhésions militantes : c'était, semble-t-il, le triomphe du libéralisme que signifiait l'affirmation de l'individu, libre consommateur, libre citoyen, libre électeur. Ce constat participait de l'idéologie ambiante qui faisait en effet du libéralisme « l'horizon indépassable » de notre temps. Erreur funeste : une société d'individus fait une place prépondérante à l'anomie et offre un champ d'expansion au simplisme politique, donc au populisme. Faut-il incriminer, dans ce contexte, les réseaux sociaux, les forums où se libèrent les pires instincts sous couvert d'anonymat, les communautés virtuelles qui se complaisent dans la délation ? Ce serait céder à une forme naïve de culte technologique que de croire au rôle déterminant du Web dans ce basculement politique. L'Internet est, comme la langue d'Ésope, le pire ou le meilleur. Il offre une exceptionnelle caisse de résonance aux pulsions les plus basses de l'âme humaine mais il est, de la même manière, un formidable instrument au service de la vitalité de la société civile. Les populistes manipulent avec talent le Web mais leurs adversaires au moins autant. En fait, la quête des causes de la montée populiste est un jeu sans fin et surtout un exercice *ex post*.

Comment ces mécanismes se sont-ils enchaînés ? Comment se sont-ils renforcés les uns les autres ? Pourquoi ont-ils jailli presque simultanément ? Pourquoi des pays aux traditions démocratiques différentes, aux histoires idéologiques contradictoires, aux terreaux politiques divers ont-ils connu au même moment un emballement en faveur du populisme ? Il existe dans ce phénomène un double mystère : pourquoi tant de causes concomitantes sont-elles entrées en résonance ? Pourquoi une simultanéité aux quatre coins du monde ? Le paysan de l'Anatolie qui vote Erdoğan, l'agriculteur polonais nourri aux subventions de l'Union européenne, le fermier du Middle West au bord de la faillite, réagissent étrangement à l'avenant. C'est la même concordance de réactions chez l'ancien ouvrier d'une usine automobile à Détroit, le préretraité de la sidérurgie à Florange, l'ex-ouvrier de Fiat dans le Mezzogiorno ou *a fortiori* chez les jeunes ayant à peine atteint la majorité électorale et qui partagent presque partout les mêmes angoisses face aux aléas à venir de la vie. Sont-ce des simultanéités ou des contagions ? Question sans réponse comme elle l'était quand la vague de 1968 balayait de la même manière les universités californiennes ou les écoles tchécoslovaques.

N'avoir pas vu, il y a vingt ans, l'ascension d'un populisme qui met en cause les fondements de nos démocraties libérales ne doit pas nous conduire, par un effet de balancier, à prédire désormais son triomphe avec pour corollaire l'affaissement, voire l'engloutissement de nos États de droit. Mais la vérité est, elle, limpide : nos démocraties sont sur une ligne de crête ; l'avenir du système libéral tel que nous le révérons n'est plus garanti ; loin de connaître une fin, l'Histoire s'est remise en mouvement. De là une question lancinante : que faire pour arrêter ce processus délétère ? La tentation la plus naturelle serait de se comporter comme si de rien n'était et d'attendre que le fleuve rentre tranquillement dans son lit. Pure folie : les phénomènes que chevauche le populisme ne sont pas éphémères ; ils dessinent un nouvel univers politique.

Il existe des embryons de réponses. Au premier chef, une réponse philosophique : Jürgen Habermas s'est plu à imaginer une troisième voie entre le libéralisme politique et le populisme : la transformation de la société en sujet politique. Partageant des thèmes communs avec Alain Touraine, il affirme que celle-ci doit prendre conscience d'elle-même et que cette connaissance ne se confond pas avec les photographies tronquées auxquelles s'assimilent les sondages mais se noue dans la confrontation perpétuelle des idées. C'est dans ce libre affrontement que s'élabore l'opinion publique et que cette dernière affirme son ascendant. Cette pensée a le mérite de ne pas croire que, sans se modifier, le libéralisme sera capable de résister au populisme. C'est au fond un pari sur le renforcement de la société civile non marchande aux dépens de la société marchande, en tablant sur une plus grande solidité de la première que de la seconde, face à la vague populiste. C'est refuser la tyrannie immédiate de la majorité au profit d'une réponse collective plus construite et mieux élaborée. On retrouve dans cette approche une vision très naturellement voisine du « patriotisme constitutionnel » dont Habermas a fait sa devise.

Il existe aussi les prémices d'une réponse politique : le « populisme mainstream[1] », c'est-à-dire une démarche populiste au service de la défense de

1. *Mainstream* : courant principal, courant central.

la démocratie libérale et européenne ainsi que de l'économie sociale de marché. C'est en Espagne que s'est produite la première manifestation de ce populisme « mainstream » avec un mouvement, Ciudadanos – les citoyens –, dont le mode de fonctionnement répliquait exactement la spontanéité de Podemos mais dont l'idéologie était modérée, libérale, européenne. La campagne électorale et l'élection d'Emmanuel Macron ont donné ses lettres de noblesse à cette démarche. Du populisme demeure la mise en cause des détenteurs en place du pouvoir ; il ne s'agit plus en revanche de jouer le peuple contre les dirigeants mais de subvertir le système politique par le vote, de façon à assurer le remplacement des élites anciennes par de nouvelles, largement issues de la société civile et donc naturellement plus en phase avec elle. C'est acter le fait que les partis politiques classiques sont des astres morts et leur substituer des mouvements faisant une grande part à la spontanéité, à l'improvisation et se confondant en fait avec une gigantesque communauté Internet. Le militant cède le pas au citoyen connecté ; l'adhésion n'est pas un geste de foi quasi définitif mais un choix réversible ; la désignation des dirigeants veut faire croire que la délibération remplace la cooptation – douce illusion, l'idéologie n'étant pas une doctrine fermée mais un corpus ouvert en perpétuel ajustement. L'exemple français a montré qu'à condition de bénéficier de circonstances assez exceptionnelles, cette partie-là est jouable. Or c'est sans doute la seule réponse à la vague populiste. Tony Blair et Bill Clinton avaient su, eux aussi, faire sa part à un populisme sophistiqué, mais l'un et l'autre agissaient à l'intérieur de partis traditionnels et ne cherchaient pas à faire table rase du système politique en place. Ils ajoutaient une touche de populisme que résumait l'expression « he connects », difficilement traduisible, marquant le lien direct avec l'électeur. Ce populisme à dose homéopathique était une réponse intelligente destinée à faciliter la survie du vieux système des partis.

Celui-ci craque aujourd'hui partout, sauf en Allemagne : Donald Trump s'est fait élire aux primaires républicaines contre l'appareil du parti et Bernie Sanders a failli faire de même chez les démocrates. Podemos s'est élevé sur les ruines du PSOE espagnol. Beppe Grillo s'est nourri du recul de tous les partis italiens. Quant à Emmanuel Macron, il s'est construit en mettant à bas l'un des deux grands partis de gouvernement et en blessant presque à mort l'autre. Les autocrates des pays de l'Est s'appuient certes sur des partis mais ce sont plus des structures proches de la Phalange espagnole des années trente que des organisations démocratiques au militantisme traditionnel.

Retourner les armes du populisme contre lui au nom de la défense de l'État de droit peut sembler relever de l'équilibrisme politique. Mais c'est la seule réponse à notre portée. Tabler sur la résurrection des vieux partis sociaux-démocrates et conservateurs et sur la résurgence du militantisme de tracts, de réunions de sections et de courants idéologiques concurrents est un leurre. Seule une révolution politique à l'intérieur du monde démocratique est en mesure de mettre un frein à l'ascension du populisme. S'imposera-t-elle ? Réussira-t-elle ? Le résultat dépendra largement de l'environnement économique et sociétal. Si une nouvelle crise économique advient ou si les flux migratoires deviennent irréversibles, c'est sans doute un mur de carton-pâte que nous espérons édifier et le pire est plausible, c'est-à-dire l'avènement de « démocraties illibérales » installées par un populisme triomphant. Si le contexte économique demeure décent, avec une croissance régulière, fût-elle modeste, et si l'immigration reste contenue dans des proportions raisonnables, la partie est jouable. Encore suppose-t-elle qu'une fois au pouvoir, les populismes « mainstream » donnent naissance à des gouvernements efficaces, susceptibles de démontrer que le progrès collectif s'accomplit naturellement à l'intérieur de l'État de droit et d'une économie de marché tonique mais régulée. De là l'importance, qui va très au-delà des frontières hexagonales, de l'actuelle expérience française…

Chapitre 6

Une nouvelle « guerre de Trente Ans »

C'est toujours *a posteriori* qu'on découvre l'intelligence des situations passées. Qui, il y a dix ans, se souvenait des accords Sykes-Picot de 1916 ? Pour ceux vis-à-vis desquels ces noms avaient une signification, c'était une réminiscence de l'arrogance coloniale des Français et des Anglais, dessinant avec une règle et un compas la carte du Proche-Orient. De même ne nous sommes-nous jamais interrogés sur l'adéquation entre les régimes militaires arabes et les territoires nés du découpage franco-anglais. Il ne nous venait pas à l'esprit de penser que seuls des gouvernements autoritaires adossés à leurs armées pouvaient assurer la cohésion de pays aux frontières artificielles. Ces régimes nous semblaient de surcroît naturellement laïcs puisque à l'exemple de la Turquie d'Atatürk, les militaires ne laissaient pas la religion empiéter à l'excès sur la sphère séculière. Hormis les spécialistes de la région cantonnés dans les chancelleries diplomatiques ou les universités, nous étions tous indifférents, voire ignares, face au schisme sunnite-chiite et à l'imbrication des minorités ethniques. Il ne venait à l'esprit de personne de rendre le même hommage rétrospectif à l'Empire ottoman qu'à l'Empire austro-hongrois, c'est-à-dire souligner la capacité d'institutions molles à faire cohabiter des populations étrangères les unes aux autres qui, sans une tutelle tantôt répressive, tantôt bienveillante, n'auraient cessé de s'affronter.

C'était une époque où les Occidentaux pensaient que seul le conflit israélo-palestinien constituait un germe de déstabilisation dans un univers ordonné. Les États de la région semblaient inexpugnables certes au prix de répressions sévères et de pratiques policières peu conformes aux canons de l'État de droit. Ni la révolution iranienne de 1979, ni la guerre irako-iranienne, ni la première guerre d'Irak n'ont modifié cette perception naïve. « L'Orient compliqué » vers lequel de Gaulle s'était envolé en 1942 semblait être devenu relativement simple. Le condominium américano-soviétique octroyait sa garantie à la stabilité de la région. Les deux Grands avaient chacun leurs clients et quand l'un d'entre eux changeait de camp, comme l'Égypte de Sadate passant du côté soviétique au côté américain, ou qu'un autre comme l'Iran choisissait un « splendide isolement », Moscou et Washington continuaient la partie d'échecs avec les pièces restantes. Que n'avons-nous pas entendu ? La révolution khomeiniste en Iran avait pris, pour Michel Foucault, la même allure miraculeuse que la révolution bolchevique aux yeux du monde communiste ; la guerre entre l'Irak et l'Iran n'était que la réédition orientale d'un conflit séculaire, telle la Première Guerre mondiale ; le régime moyenâgeux d'Arabie Saoudite ne choquait guère nos démocraties, dès lors que le pétrole coulait à flots ; la schizophrénie des pays arabes à l'égard des Palestiniens, glorifiant d'un côté leur cause et de l'autre réprimant l'OLP, semblait un prix à payer pour la stabilité de la région. Qu'attendait l'Occident du Moyen et du Proche-Orient ? Que le pétrole soit extrait à un prix raisonnable ; qu'Israéliens et Palestiniens n'entraînent pas la région dans un engrenage non maîtrisable ; qu'en un mot l'ordre règne.

C'est ce monde-là qui a été mis à bas, à partir du 11 septembre 2001, en trois vagues successives. L'irruption du terrorisme de grande ampleur au sein des pays occidentaux fit de cette région une obsession quotidienne. La guerre d'Irak fut le comble de l'absence de réflexion stratégique. Ce fut d'abord la naïveté du « nation-building[1] », comme si Bagdad était un nouveau Bonn et l'Irak une République fédérale à l'allemande avec sa démocratie exemplaire et ses jeux de pouvoir et contre-pouvoir. Ensuite, l'ignorance complète de la carte ethnique et religieuse par une administration américaine d'occupation pataude et maladroite. Enfin, le choix absurde de détruire le parti Baas et l'armée, seules colonnes vertébrales du pays, qu'il aurait fallu épurer puis retourner au profit de l'occupant. Se sont ajoutées la passivité devant l'attitude revancharde du pouvoir chiite, l'ambiguïté à l'égard de la minorité kurde, l'incapacité de contrôler la résurrection des haines séculaires, l'incompréhension devant l'hostilité de la population à une armée d'occupation qui pensait être accueillie avec des fleurs comme les GI's en juin 1944 en Normandie… Rarement, dans l'Histoire, une erreur stratégique n'a été aussi complète et durable.

C'est alors qu'est intervenue une nouvelle vague totalement inattendue : la propagation des révolutions arabes, de Tunisie en Égypte, d'Égypte en Syrie. De même que les Américains avaient confondu le « nation-building » irakien avec l'Allemagne de 1945, l'ensemble

1. Construction démocratique d'une nation.

des Occidentaux – Américains bien sûr mais aussi cette fois-ci Français et Anglais – ont cru revivre la contagion démocratique de 1989/1990 dans les pays communistes d'Europe centrale. De ce mouvement étrange qui mêlait le jeu des réseaux sociaux, une aspiration libérale et l'ambition, dans le champ politique, de mouvements religieux tenus sous l'éteignoir par les régimes militaires, nous avions seulement perçu l'allure libertaire au point d'être surpris par des scrutins qui donnaient l'ascendant aux partis islamistes, alors que le simple souvenir des élections algériennes de 1991 aurait pu servir d'utile leçon de choses.

Face aux trois principales révolutions, nous avons réagi dans des termes différents. L'expérience tunisienne nous rassure car elle garde ouvert le champ des possibles démocratique, si fragile soit-il. La démonstration d'inaptitude, d'aveuglement et de rigidité religieuse des Frères musulmans en Égypte nous a amenés, sans nous l'avouer, à pousser un soupir de soulagement lorsque le gouvernement Sissi a repris la tradition autocratique des Nasser, Sadate, Moubarak. Enfin l'affrontement en Syrie, limité au départ entre le régime répressif d'Assad et la fraction libérale de la population, a occulté, à nos yeux, l'émiettement ethnique, le morcellement géographique, l'irrésistible ascension des extrémistes. Ce n'est qu'*a posteriori* que nous avons découvert des vérités historiques élémentaires. Dans une Égypte qui existe depuis des millénaires, les affrontements de pouvoir ne peuvent mettre en cause l'identité territoriale du pays. Dans une construction artificielle comme la Syrie, la nation explose et son irréalité, masquée pendant des décennies, apparaît au grand jour. Il en va de même en Libye où la disparition de la main de fer du régime Kadhafi a fait réapparaître l'autonomie des trois régions fondatrices[1] dont les Alliés avaient pu mesurer les spécificités pendant la Deuxième Guerre mondiale.

C'est l'émergence de cette carte souterraine qui est fascinante. Incurie des spécialistes ? Défaut d'accommodation visuelle des diplomates ? Ignorance des journalistes ? La césure qui apparaît désormais clef entre les mondes chiite et sunnite n'a pesé pendant un siècle dans aucune des décisions stratégiques des grandes puissances vis-à-vis de la région. Ce n'est pas au nom de l'équidistance entre les deux branches de l'islam que les États-Unis étaient jusqu'en

1. Tripolitaine, Cyrénaïque, Fezzan.

1979 d'aussi ardents soutiens du shah d'Iran et de la dynastie saoudienne : seules la maîtrise du pétrole et la volonté d'empêcher des avancées soviétiques expliquaient ce double choix stratégique. Ce n'est pas davantage l'obédience chiite de la minorité alaouite qui déterminait les positions internationales à l'égard d'une Syrie, qu'à travers la dynastie des Assad, celle-ci dominait. Lorsque cette même Syrie avait fusionné avec l'Égypte de Nasser, la dimension sunnite/chiite n'avait joué aucun rôle : elle était effacée par la vague de nationalisme arabe. Et quand l'Irak et l'Iran se sont affrontés pendant plusieurs années dans un « Verdun des sables », jamais Téhéran n'a justifié son combat par l'obligation de venir secourir ses frères chiites irakiens oppressés par la minorité sunnite incarnée par Saddam Hussein. Aussi n'est-ce pas la seule cécité d'un Occident ignare qui aboutissait à sous-estimer la césure religieuse.

La tornade que fut le nationalisme arabe, la posture bismarckienne des régimes nationalistes, la militarisation des systèmes politiques ont longtemps repoussé à l'arrière-plan l'affrontement chiites-sunnites. Aussi, devant l'affirmation réitérée matin et soir que ce schisme va déterminer pour les décennies à venir l'avenir de la région et qu'une nouvelle « guerre de Trente Ans » est inévitable, une once de scepticisme ne serait pas malvenue. Certes un axe chiite va désormais de Téhéran jusqu'au Liban en passant par un Irak dominé par sa minorité chiite et par un régime de Damas qui a eu l'intelligence soudaine de se rappeler combien les alaouites sont de cette obédience-là. Mais n'est-ce pas un raccourci de penser que la religion est le ciment principal de cette alliance ? N'est-elle pas en fait un habillage qu'utilise avec habileté le régime de Téhéran afin d'enjoliver ce qui relève simplement d'une logique impériale ? Existe-t-il en face, comme il est de bon ton de le dire, un axe sunnite ? Si la solidarité religieuse prédominait sur les intérêts de puissance, les relations entre la Turquie et l'Égypte, entre la Turquie et l'Arabie Saoudite, entre celle-ci et le Qatar, entre la Jordanie et la Turquie seraient empreintes de davantage de simplicité… La réponse à cette remarque est bien connue : la religion chiite est dirigée par un clergé alors que le sunnisme ne connaît aucune autorité cléricale unique. Mais, utile pour expliquer le poids des religieux au sein de tel ou tel État, cette différence ne répond en rien aux jeux d'alliances ou aux conflits rémanents entre les uns et les autres. De même que la grille religieuse donnait une explication très partielle de la guerre de Trente Ans, puisque s'alliant aux princes protestants allemands, Richelieu brouillait les cartes, le clivage chiisme/sunnisme ne suffit pas pour interpréter aujourd'hui l'incroyable enchevêtrement des intérêts et des conflits qui conditionne la vie de cette région explosive.

Quels sont les rapports de force réels ? Quelles perspectives ouvrent-ils ? Quels scénarios dessinent-ils ? À tout seigneur, tout honneur, donnons la priorité aux acteurs les plus établis, vieux de quarante à cinquante siècles. L'Égypte au premier chef. Aussi militarisée que du temps de Nasser, elle a en revanche renoncé au messianisme arabe des années soixante. Celui-ci était davantage un accident idéologique temporaire qu'une ligne de pente historique. En lâchant les Soviétiques au profit des Américains et en faisant la paix avec Israël, Anouar el-Sadate a sapé les fondements de ce fantasme. Celui-ci était un formidable moyen d'influence indirecte pour l'Union soviétique et le sionisme jouait le rôle classique du bouc émissaire tel que René Girard l'a codifié. Dévorée par sa démographie galopante, handicapée par ses faibles ressources, prisonnière des subsides intéressés de l'Arabie Saoudite et des Émirats, l'Égypte est à la fois une puissance d'influence et un mercenaire. Son histoire, son poids font que nul, dans la région, ne peut l'ignorer ; sa force militaire la transforme *nolens volens* en « garde suisse » – au sens du dix-septième siècle – des États du Golfe qui la subventionnent. Il n'existe qu'une seule situation où l'Égypte ne pourrait se contenter de sa position à la fois paradoxale et confortable : des troubles graves en Arabie Saoudite, au point de rendre possible le démembrement du pays. Ce jour-là Le Caire serait devant un choix existentiel entre les risques de la passivité et ceux d'un interventionnisme pouvant déboucher sur un protectorat de fait.

Autre puissance de grande ancienneté et de même population : l'Iran. Si on la dénommait encore comme l'Histoire le permettrait, la Perse, notre regard serait immédiatement différent. On verrait moins les mollahs, le terrorisme, « l'axe du mal » et davantage le poids du passé, l'ascendant civilisationnel, l'ambition impériale. Ce qui apparaît insupportable deviendrait naturel et explicable, y compris la quête de la bombe atomique qui, du temps du Shah, ne nous préoccupait pas outre mesure… On dirait que la société civile perse est sophistiquée, qu'il vaut mieux être une femme à Téhéran qu'à Riyad, que le talent scientifique y est impressionnant… On ne prendrait pas au sérieux le délire anti-israélien car, en termes historiques, aucun contentieux n'existe entre Perses et Juifs. Mais trêve de jeu sémantique, l'Iran est à la fois la Perse et l'Iran. La Perse au sens de l'ambition impériale, de l'existence d'élites sophistiquées, d'une civilisation sûre d'elle, d'une volonté de rayonnement. L'Iran au sens des mollahs hystériques, des « gardiens de la Révolution » corrompus, de l'excitation anti-israélienne, des suppôts du terrorisme. Quant à l'ambition nucléaire, elle relève à la fois du côté perse et du côté iranien, pour poursuivre avec cette métaphore. Côté perse, c'est un instrument de puissance aux yeux de ceux qui rêvent de retrouver le sillage de Darius le Grand. Côté Iran, c'est l'accomplissement d'un État voyou désireux de disposer d'un instrument de chantage.

Le problème, pour nous Occidentaux, est de déterminer la nature de notre interlocuteur : depuis l'avènement de l'ayatollah Khomeini, nous traitons avec l'Iran, puissance maléfique, en oubliant la Perse, c'est-à-dire la densité, la solidité, la légitimité, l'empreinte du pays. Et à l'inverse, si nous faisions une croix sur l'aspect « axe du mal » et nous limitions à accepter la gestion bismarckienne d'une puissance historique et ambitieuse, nous risquerions paradoxalement de pécher par naïveté, au nom de l'Histoire. Qu'aurait néanmoins imaginé, en face de ce pays schizophrène, un magicien de la diplomatie tel Kissinger à son meilleur ? Il aurait, il y a quelques années, fait le voyage jusqu'à Téhéran et aurait proposé au régime le troc suivant : vous renoncez définitivement – et non temporairement comme dans l'accord actuel – au nucléaire et en échange vous annexez le Qatar et nous fermerons les yeux. Le Qatar est à l'Iran ce que Monaco est à la France mais cet État, de la taille d'un timbre-poste, partage ses gisements gaziers avec son voisin. Si ce dernier mettait la main sur les réserves financières de Doha, il aurait les moyens d'assurer son développement à un rythme démultiplié. Aurait-il accepté le prix à payer, c'est-à-dire l'abandon total du nucléaire ? Nul ne le sait, mais au moins cette approche paradoxale et choquante d'un Kissinger imaginaire relèverait-elle de la stratégie cynique que l'on peut pratiquer avec une puissance millénaire.

Troisième acteur ancré dans l'Histoire : Israël. Les Israéliens ne comprennent pas que dans un monde dominé par la technologie, leur faible démographie ne compte pas. À la fois État nucléaire et État-Silicon Valley, Israël serait une puissance fondatrice et bénévolente au

Proche-Orient si elle décidait de régler ce qui est devenu un problème de bornage local avec les Palestiniens. À l'échelle des enjeux qui pèsent sur la région, le conflit israélo-palestinien a perdu son rôle emblématique, même dans la rhétorique des pays arabes. En témoigne l'alliance discrète mais intense entre les services secrets israéliens et saoudiens. Si les Israéliens regardaient la situation avec la hauteur de vues que devrait leur donner leur relation à l'Histoire, ils en viendraient à deux constats qui sont aujourd'hui deux interdits majeurs : se libérer de la question palestinienne au prix de concessions connues depuis vingt ans, en faisant le pari que leur absolue supériorité militaire et technologique efface, dans le monde actuel, leur étroitesse territoriale. Et plus scandaleux encore : tabler sur l'existence de trois puissances ancrées dans le long terme, l'Égypte, l'Iran et eux-mêmes, c'est-à-dire considérer que l'Iran est un interlocuteur plus sûr que l'Arabie Saoudite. Je mesure les cris d'orfraie qu'une telle idée provoquerait à Jérusalem. Mais il demeure en histoire des principes simples : ce sont entre les puissances stables et fières de leur passé que s'établissent les compromis.

Si la nouvelle « guerre de Trente Ans » doit se terminer par un traité de Westphalie, formel ou informel, ce seront ces acteurs-là qui joueront le rôle dévolu à l'époque à la France et à la Suède. Est-ce passer par pertes et profits les États du Golfe ? Est-ce considérer que le colonel Lawrence et Philby auraient vendu en leur temps un avenir illusoire à la dynastie des Saoud ? Certes pas : ils ont, suivant les règles propres à toute décolonisation, chevauché les aspirations nationales telles qu'elles s'exprimaient à ce moment-là. Mais ils ont contribué à bâtir un État, l'Arabie Saoudite dont l'Occident s'est attaché, des décennies durant, à nier la fragilité. Dès lors que le pétrole coulait, les Américains et, à leur suite les Européens, ont su ignorer l'obscurantisme du régime, l'aliénation des femmes, la cruauté de la justice, le prosélytisme islamique. La distribution de la manne des grands contrats a servi à acheter notre silence, notre complicité et pire, notre aveuglement. Le cynisme ne nous est pas interdit mais l'aveuglement devrait l'être. Le miracle américain de l'huile de schiste réduit drastiquement la dépendance des États-Unis à l'égard du pétrole saoudien, ce qui affaiblit à terme la garantie donnée en 1945 par Franklin Roosevelt à la dynastie des Saoud.

Mais pire encore, la perspective d'un prix du pétrole élevé s'éloigne à mesure du choix, par tous les pays riches, d'une politique énergétique influencée par les contraintes d'environnement et donc de moins en moins dépendante des énergies fossiles. Or l'Arabie Saoudite est, à la différence des Émirats, un territoire peuplé : trente millions d'habitants aujourd'hui, bien plus demain. Avec un baril à 50 dollars, elle a dû mobiliser 20 % de ses réserves financières pour boucler son budget ; elle a découvert une position qui, il y a peu, lui paraissait humiliante : émettrice sur le marché de la dette. Ainsi, toutes choses égales par ailleurs, pourrait-elle en cinq ans dilapider l'intégralité de son magot. La réponse que donne le régime à ce diagnostic tient en un slogan : inventer un nouveau modèle économique. C'est une illusion de même nature que le rêve des Américains en 2003 de transformer l'Irak en une démocratie de type suédois. Comment faire bouger un pays sans vrai impôt où l'instauration d'une TVA ou la suppression des subventions destinées à réduire le prix du gaz et de l'électricité sont des anathèmes ? Comment instaurer en cinq ans une activité industrielle de niveau international, non artificiellement subventionnée, dans une économie sans culture productive, sans main-d'œuvre qualifiée, sans expérience des process automatisés, sans capacité de gestion des coûts ? Comment inséminer une dynamique entrepreneuriale au sein d'élites droguées par la rente pétrolière, habituées à dépenser sans compter, prisonnières d'un mode de vie antinomique avec la dureté d'une économie productive ? Cette illusion fera évidemment long feu mais la conséquence du retour au réel est limpide : des tensions sociales, une population frustrée, un régime de plus en plus répressif. C'est là que le facteur religieux peut servir d'amplificateur. La minorité chiite des régions orientales risque d'être la première à se révolter, encouragée en sous-main par un Iran trop content d'affaiblir son rival saoudien. Jusqu'au séparatisme ? Jusqu'à la naissance d'une République chiite d'Arabie Saoudite sous l'ombrelle de Téhéran, à l'instar du régime irakien ? Nul ne sait, mais il existe en revanche une évidence : hier maillon fort de la région, l'Arabie risque d'en devenir le trou noir.

En ira-t-il de même des Émirats ? Ils ont, par rapport aux Saoudiens, l'avantage de micro-populations, de sorte que l'échelle de temps des difficultés n'est pas la même. Devenus de surcroît des plaques tournantes du capitalisme international, ils bénéficient de stabilisateurs que le féodalisme de Riyad ne possède pas. L'Histoire a privatisé, au profit de quelques millions de Bédouins qui n'en demandaient pas tant, un bien collectif : le pétrole. Peut-être dans un monde mieux organisé, il aurait pu en aller autrement, mais l'idée de biens universels n'a pas accompagné l'idéologie de la décolonisation et, convaincus d'être les maîtres ultimes du pétrole et du gaz, les États-Unis se sont satisfaits de l'existence de roitelets gouvernant quelques poignées d'autochtones. Les Émirats ne sont pas, à la différence de l'Arabie Saoudite, porteurs d'un risque de déflagration. Avec ce diagnostic à l'esprit, il est suicidaire de la part des Occidentaux de prendre le parti des seuls Saoudiens et d'endosser sans nuance leur querelle avec les Iraniens.

Manque dans ce panorama un acteur qui serait apparu, il y a quelques années, incontournable : la Turquie. Qu'aurions-nous affirmé il y a quinze ans ? Le rapprochement avec l'Union européenne, fût-ce sans adhésion, constituera le couronnement de la politique inaugurée en son temps par Atatürk : le respect de la laïcité, la tenue à bonne distance de la religion, l'occidentalisation des valeurs, l'européanisation comme instrument de modernisation, toutes postures compatibles avec une résurgence d'orgueil national, tant il demeure difficile aux héritiers de l'Empire ottoman de faire litière du souvenir de leur gloire passée.

Erdoğan nous a dupés. Nous parlions naïvement de son parti comme de l'équivalent musulman de la CDU allemande ! Nous n'imaginions pas que les principes du kémalisme, d'apparence intangible, seraient balayés. Nous nous inquiétions du poids excessif de l'armée au regard des habitudes européennes sans penser une seconde que cette enclave de laïcité serait mise au pas dans un climat d'acceptation tacite... L'évolution turque est-elle irréversible ? Notre incompréhension du passé ne doit pas, par humilité, nous amener à penser que la partie est jouée. Il existe, malgré la répression, une société civile en Turquie. Les grandes villes, Istanbul naturellement mais aussi Ankara, ont voté contre Erdoğan lors du dernier référendum, et le clivage villes-campagnes, population extravertie-population introvertie, démocratie-populisme prévaut aux confins de l'Asie mineure, comme en région parisienne ou dans les Midlands britanniques.

Le résultat de cette incroyable volte-face politique est l'imprévisibilité. Hier poste avancé de l'OTAN, aujourd'hui puissance solitaire. Ennemie, il y a quelques mois, de la Russie, désormais fausse alliée. Antérieurement alliée militaire d'Israël puis adversaire affichée et désormais ennemie ou amie selon les circonstances officielles ou officieuses. Le fantasme d'Erdoğan était limpide : reconstituer l'Empire ottoman par l'influence à défaut de pouvoir le faire par l'occupation territoriale. Il est désormais caduc : en s'éloignant du destin que lui avait assigné Atatürk, la Turquie est devenue une puissance aléatoire. Elle aurait dû constituer le quatrième coin, avec l'Égypte, l'Iran, Israël, d'un Proche-Orient encadré par ses acteurs historiques ; elle n'est plus qu'un joueur imprévisible, preuve s'il en était besoin que dans l'Orient compliqué, même les puissances en apparence stables sont à la merci d'incroyables renversements de situation.

Quels scénarios se dessinent dans un panorama aussi complexe où s'entrechoquent l'histoire, la religion, le pétrole, les fantasmes et les pulsions intégristes ? Le terrorisme n'est ni une hypothèse, ni un scénario : c'est une toile de fond. Prendra-t-il à nouveau la forme territoriale d'un pseudo-État ? C'est peu probable car, pris une fois au dépourvu par l'émergence brutale du « califat », les États de la région et les grandes puissances ne se laisseront pas dépasser à nouveau par un phénomène du même ordre. Mais un terrorisme venu de tous horizons continuera à scander la vie de l'Orient ; il ne pèsera pas sur la nature profonde des rapports de force ; il n'interpellera pas les sociétés civiles comme en Occident, tant il se dilue dans la réalité quotidienne de la région. Son poids stratégique sera d'autant plus marginal qu'il suscitera une lassitude médiatique croissante des grands organes d'information.

En fait, une « guerre de Trente Ans » est une certitude mais elle peut se dérouler à basse, haute ou très haute intensité. Il n'y a aucune chance de retrouver l'ordre stable qui a prévalu si longtemps. Ceci supposerait des régimes assez forts pour rétablir leurs frontières, un assagissement des minorités, une cohabitation décente des chiites et des sunnites, une tutelle des grandes puissances, toutes conditions qui relèvent d'une imagination débordante.

Qu'est-ce, dans ces conditions, qu'une « guerre de Trente Ans » à basse intensité ? C'est la perpétuation de la situation actuelle : des frontières mal définies, des combats ou des escarmouches entre fractions, des pouvoirs en Syrie, Irak, Jordanie qui ne contrôlent pas complètement leurs territoires, un conflit israélo-palestinien endémique mais sans montée aux extrêmes, des minorités religieuses – chiites en terres sunnites et vice versa – dans des situations difficiles mais sans faire face à des « dragonnades », un Kurdistan qui existe de fait mais non de droit, un Iran et une Arabie Saoudite en guerre d'influence, en conflits militaires indirects, des grandes puissances qui parrainent des vassaux éventuellement changeants, tout en essayant de contenir leurs excès. C'est, comme disent les physiciens, un « équilibre métastable ». Sur longue période, il semble peu probable car il suppose que ne se produise aucun événement majeur type révolte des chiites en Arabie Saoudite, proclamation d'un Kurdistan unifié et indépendant, changement de régime à Riyad, annexion territoriale de tel ou tel émirat du Golfe…

Une guerre de trente ans à moyenne intensité va de pair avec, par exemple, l'effondrement de l'Arabie Saoudite et son explosion en un Royaume sunnite proche de l'Égypte et une République chiite parrainée par Téhéran. C'est donc une recomposition de la région prédéterminée par le clivage religieux. Un tel séisme suppose, pour ne pas dégénérer en un conflit de grande ampleur, une retenue iranienne vis-à-vis du nucléaire, une absence de réaction violente d'Israël, une abstention de la Turquie, toutes conditions incertaines mais non impossibles. Cependant, une guerre de trente ans de moyenne intensité suppose un événement d'une telle ampleur. Les éventuels soubresauts du conflit israélo-palestinien, un affrontement d'Israël avec le Hezbollah n'auraient pas les mêmes conséquences, à condition que l'Iran n'attise pas à l'excès les braises.

Quant à une « guerre de Trente Ans » de haute intensité, elle exige un conflit direct entre deux des trois puissances chargées d'histoire, Égypte, Iran, Israël, et ce ne peut être en réalité qu'entre les deux dernières. Le déclencheur ne saurait être le simple activisme du gouvernement de Téhéran mais une provocation de grande ampleur de sa part. Il n'en existe que deux à ce niveau de risques : une invasion directe de l'Arabie Saoudite ou, pire encore, une reprise brutale et ostensiblement belliqueuse du programme nucléaire. Dans le premier cas, l'intervention israélienne est peu probable. Il est difficile d'imaginer Israël rejoignant militairement l'Égypte en soutien de l'Arabie Saoudite, même si Jérusalem apporte une contribution discrète au camp sunnite. Dans l'hypothèse d'un Iran nucléarisé, les risques d'un choc direct avec Israël sont infiniment plus grands, avec tous les dangers afférents à un conflit entre deux puissances nucléaires.

Comment se situerait le jeu des grandes puissances face à ces trois niveaux de conflits ? Dans l'hypothèse d'une « guerre de Trente Ans » de basse intensité, Américains et Russes soutiendraient tel ou tel acteur mais demeureraient derrière le rideau de scène, sans prise de risque excessive. Dans le cas de la moyenne intensité, nul ne peut prédire l'attitude des États-Unis vis-à-vis d'une partition de l'Arabie Saoudite. Iraient-ils jusqu'à s'engager pour l'empêcher au prix d'une intervention militaire ? Ce n'est pas exclu mais de moins en moins probable au fil des années, au rythme de leur indifférence grandissante vis-à-vis du pétrole saoudien : on ne les voit pas organiser une nouvelle guerre du Golfe sur le modèle de 1991, au moment de l'invasion du Koweit. Dans le schéma à haute intensité, le pari sur l'attitude américaine dépend du jeu israélien. Si Israël est un acteur d'un conflit militaire face à l'Iran, les États-Unis seront entraînés *nolens volens* avec pour conséquence un soutien russe, voire chinois, à Téhéran. C'est donc la boîte de Pandore mondiale qui serait ouverte, avec des effets imprévisibles tant, dans ce genre de situation, les enchaînements peuvent se métamorphoser en épouvantable engrenage. À aucun moment, il n'y a place, dans ce jeu-là, pour les Européens : nous voilà spectateurs d'une histoire en mouvement dans cette région que nous avons si longtemps dominée.

Parmi les trois hypothèses, sur laquelle oserai-je parier ? Je ne crois pas à la première hypothèse, l'équilibre métastable. La région est trop inflammable, les acteurs trop impulsifs, les sociétés civiles trop émotives et surtout l'Arabie Saoudite trop fragile pour imaginer une stabilité durable, fût-elle agrémentée, comme aujourd'hui, de conflits horribles, limités et insolubles. Je pense les Iraniens trop intelligents pour monter aux extrêmes et jouer les Corée du Nord. En revanche ils chercheront à profiter de la moindre faiblesse saoudienne pour affirmer leur emprise indirecte sur la région. Aussi le scénario « guerre de Trente Ans » de moyenne intensité me paraît-il le plus probable, pronostic que je formule avec l'humilité qu'appelle la complexité de l'Orient…

CHAPITRE 7

Un monde sans chef

Nous étions habitués depuis 1945 à la stabilité. Le monde bipolaire dominé par les États-Unis et l'Union soviétique n'avait que des avantages pour les Occidentaux. Hormis une fugitive mauvaise conscience à la pensée des peuples victimes de la mainmise soviétique, nous n'avions aucune inquiétude. Les affrontements entre les deux Grands se déroulaient à la périphérie de l'Occident. La crainte de l'holocauste nucléaire rendait chacun des deux joueurs raisonnable, comme en a témoigné la seule crise paroxystique, le blocus de Cuba, le bon sens amenant Russes et Américains à un compromis. L'Europe avait trouvé en Joseph Staline, plus qu'en Jean Monnet, son parrain, l'unité constituant la réponse la plus naturelle à la menace. Quant aux querelles de bornage entre les deux empires, le Moyen-Orient au premier chef, elles s'accompagnaient de la part des acteurs d'une même obsession : éviter toute contagion vers les terrains centraux et exercer, si nécessaire, une tutelle commune sur les vassaux indisciplinés qui en étaient venus aux mains.

Ce confort douillet a disparu avec la chute du mur de Berlin et l'éclatement de l'Union soviétique. Mais après un temps d'adaptation qui a vu, comme au moment de la guerre des Balkans, les vieilles puissances occidentales éprouver des difficultés à retrouver leur art séculaire en matière de gestion des crises, l'ordre s'est à nouveau imposé avec l'apogée de l'hyperpuissance américaine. Les États-Unis sont devenus pendant une dizaine d'années non le gendarme du monde, car ils jouaient leur partition sous George Bush senior et Bill Clinton avec bienveillance, mais la puissance de référence. Leur magnétisme suffisait à faire régner une relative stabilité. Sans doute né de la conviction que la victoire du capitalisme était sans appel et que le monde entier se rallierait progressivement à leur « panache blanc », un excès d'arrogance conduisit-il les Américains à faire quelques faux pas, en particulier vis-à-vis d'une Russie humiliée par la disparition non seulement de l'Empire soviétique, mais de l'Union soviétique elle-même. Jusqu'au 11 septembre 2001, l'hyperpuissance s'était donné des limites : les États-Unis ne cherchaient pas à remodeler le monde ; ils attendaient benoîtement que leur influence bienfaisante exerce ses effets.

Avec « l'axe du mal », l'invasion de l'Afghanistan, la guerre d'Irak, ce comportement tout en retenue a explosé. Ce fut un moment de folie où les grands esprits de Washington pensaient remodeler les pays envahis à l'instar de l'Allemagne et du Japon en 1945, installer à Kaboul et Bagdad des régimes aussi démocratiques qu'à Berlin et Tokyo et assurer le triomphe de l'État de droit. Illusion née, pour une part, de l'absence de tradition coloniale des Américains : échaudées par leurs expériences, la France et la Grande-Bretagne ne se seraient jamais laissées aller à de telles naïvetés.

La débâcle qui a accompagné le retour des États-Unis à la réalité a entraîné la résurgence d'un isolationnisme qui a toujours constitué une des deux constantes de la politique américaine. Celle-ci a constamment oscillé entre le messianisme et l'isolationnisme. Messianisme : l'entrée en guerre en 1917, les quatorze points du président Wilson, suivie d'une poussée isolationniste avec le refus du Sénat de ratifier le traité de Versailles. Isolationnisme : la pulsion profonde de l'opinion américaine, à la fin des années trente, de demeurer en dehors des affrontements européens, que l'énergie de Roosevelt n'aurait peut-être pas réussi à contrecarrer sans Pearl Harbor et la déclaration de guerre allemande. Messianisme toujours : le plan Marshall, la reconstruction de l'Europe, l'Alliance atlantique. La défaite au Viêtnam, échec du messianisme, a entraîné une tentation isolationniste que seule la menace soviétique avait réussi à limiter. La politique de Barack Obama a représenté le versant élégant et civilisé d'un néo-isolationnisme dont Donald Trump offre la face primitive et vulgaire.

Peut-on néanmoins tabler sur la perpétuation, dans les années qui viennent, du même cycle et donc le retour du messianisme, après une phase temporaire de repli sur soi ?

C'est peu probable car les États-Unis d'aujourd'hui n'ont plus rien de commun avec ceux du vingtième siècle. Hier nation occidentale, aujourd'hui pays-monde. Hier dirigés par les élites « Wasp[1] » et juives de la côte Est ; demain par les Américano-Indiens et les Américano-Chinois. Hier faisant corps avec la vieille patrie européenne ; aujourd'hui et plus encore demain,

1. White Anglo-Saxon Protestants.

tournés vers l'Asie. Hier partageant les mêmes valeurs que l'Europe ; demain édifiant une morale syncrétique, faite de traditions du monde entier. Lorsque la question était posée, il y a trente ans – quel est le pays le plus démocratique et le plus libre du monde ? –, la réponse fusait, à condition de laisser de côté les confettis de l'ancien Empire britannique – Canada, Australie, Nouvelle-Zélande : les États-Unis. La réaction serait désormais : l'Union européenne. Habeas corpus, peine de mort, avortement, mariage homosexuel, politique pénitentiaire, droits de l'homme. C'est le Vieux Continent qui est de loin le plus libéral.

Ces nouveaux États-Unis ont une relation différente avec le reste du monde. La matrice n'est plus messianisme versus isolationnisme, mais coopération versus compétition. À cette évolution sociologique et culturelle de la société américaine s'ajoute un changement de ses instruments de puissance. Robert Kagan dissertait, au moment de la guerre d'Irak, sur « l'Amérique-Mars », pratiquant le « hard power » – la puissance dure –, et « l'Europe-Venus », réduite au « soft power », – l'influence diffuse. Vision doublement fausse. Il existe, malgré les apparences, une limite à la puissance militaire américaine. Ainsi, lorsque les relations avec l'Iran s'étaient détériorées, au moment où la guerre d'Irak battait son plein et où le conflit afghan s'enlisait, Washington devait-il reconnaître, à son corps défendant, son incapacité à ouvrir, le cas échéant, un troisième front. La disparition de la conscription, la difficulté de recruter des volontaires, la médiocrité des troupes de base, l'obligation de sous-traiter sur les terrains de conflits des tâches clés à des opérateurs privés : autant d'entraves à un « hard power » dont les prouesses technologiques ne suffisent pas à assurer l'efficacité.

Les États-Unis sont paradoxalement plus présents dans leurs relations avec le monde par le « soft power » que par leur puissance militaire. Celui-ci prend de multiples formes. Une capacité financière sans égale, dont l'ascendant s'est renforcé à la suite de la crise de 2008, les banques et autres acteurs américains ayant conforté leur force de frappe bien davantage que leurs concurrents européens ou japonais. Une domination technologique, assortie de l'incroyable valorisation boursière des GAFA, qui ne connaît aucune vraie concurrence, hormis un jour celle de compétiteurs chinois, occupés pour l'instant à tirer le meilleur parti de la profondeur de leur marché intérieur. Une puissance universitaire et académique qui fait des grands campus américains les usines à former les élites du monde entier et à semer de la sorte les graines d'une idéologie et d'une culture typiquement américaines. Étrange situation vouée à se perpétuer d'un monde pénétré par l'influence américaine et néanmoins privé de la domination stratégique des États-Unis.

C'est une situation stable, aussi longtemps qu'aucune crise stratégique ne vient la perturber. Vue à cette aune-là, la présidence Trump n'est ni une exception, ni un accident. Débarrassée – ce qui n'est certes pas aisé – de ses appendices particuliers, vulgarité, immoralité, inconséquence comportementale, elle correspond à des États-Unis dont le magnétisme n'est plus politique, reste partiellement militaire, et est devenu essentiellement technologique, financier, académique. Cela ne laisse guère de place à l'ascendant moral dont les dirigeants se réclamaient depuis l'âge des Pères fondateurs.

Le bâton du commandement mondial est-il, dans ce contexte, sur le point de glisser dans les mains chinoises ? Si tel était le cas et si la Chine cherchait à jouer à leur tour à l'hyperpuissance, sans doute verrait-on les États-Unis retrouver le ressort et le goût de l'hégémonie, et redevenir ce que Paul Morand appelait des « Romains involontaires ». Washington peut s'accommoder d'un monde sans maître, mais en aucun cas tolérer un système international avec un autre chef que lui.

Si ouverte veut-elle sembler, la Chine demeure « un rébus enveloppé de mystère au sein d'une énigme » suivant le mot de Churchill à propos de l'Union soviétique. Sans doute ses dirigeants n'ont-ils pas eux-mêmes la réponse à quelques questions clés. Le système autocratie-économie de marché est-il stable ? Les tentations autonomistes ne sont-elles que des piqûres d'épingle ou dessinent-elles un risque d'affaiblissement du pouvoir central ? La puissance économique, bientôt politique, demain militaire fera-t-elle de l'empire du Milieu un État impérial ou un État impérialiste, la différence étant que le premier étend son influence sans objectif de conquête territoriale formelle ou informelle et que le second met au contraire sa force au service de projets territoriaux ou de maîtrise de ressources minérales ?

Il est de bon ton d'arguer que toute l'histoire de la Chine a été autocentrée et qu'assurer sa cohésion et son développement économique a toujours pris le pas sur toute autre considération. Mais comment ne pas opposer un contre-argument de bon sens ? La Chine autocentrée ne disposait pas de 3 000 milliards de dollars de réserves de change, n'était pas le premier créancier des États-Unis et ne semblait pas en état de prendre des positions financières partout dans le monde. Cette interrogation a des conséquences très directes. Impériale, la Chine se satisfera d'un simple contrôle de fait sur Taiwan ; impérialiste, elle voudra l'annexer, fût-ce au prix d'une crise internationale. Impériale, elle se contentera de dominer l'Asie du Sud-Est à travers l'omniprésence de la diaspora chinoise, l'intensité du commerce, la multiplicité des investissements financiers ; impérialiste, elle cherchera à contrôler la mer de Chine et ses confins, aussi fermement que l'Empire britannique autrefois la mer du Nord ou les communications avec l'Inde. Sans doute la bellicosité dont Pékin fait actuellement preuve en mer de Chine, en cherchant à annexer des îlots à des fins plus symboliques que militaires, plaiderait-elle pour la version dure, mais ce ne sont encore que les prémices d'un véritable impérialisme local. De même la présence chaque jour plus envahissante des Chinois en Afrique peut-elle s'expliquer simplement par une inlassable quête de matières premières. Mais la question demeure. La Chine manifestera-t-elle une volonté d'emprise territoriale, à l'instar de celle dont elle avait souffert de la part des puissances occidentales au dix-neuvième siècle ? Pratiquera-t-elle au fond sa propre guerre de l'opium et installera-t-elle à son profit des concessions analogues à celles qu'elle avait dû céder à Shanghai et ailleurs ?

L'étrange projet des nouvelles « routes de la soie », ces voies de communication ferroviaires et maritimes ouvertes vers l'Europe, relève, lui, d'une vision impériale mais très datée. Contrôler le port du Pirée et bientôt d'autres installations portuaires reproduit une approche très « braudélienne » de l'économie : garantir les débouchés aux exportations de biens matériels. Dans une économie bouleversée par le Net, cela semble relever d'une conception classique, voire archaïque. Ce n'est pas par des chemins de fer, comme l'Allemagne bismarckienne le faisait dans l'Empire ottoman, que la Chine assurera sa domination. On pouvait s'attendre davantage à la voir lancer Alibaba et ses propres GAFA à l'assaut des marchés occidentaux et s'y tailler des positions inexpugnables. Sans doute convient-il d'attendre… De même lorsqu'une entreprise chinoise lance une OPA hostile sur Kuka, fleuron de la robotique allemande, s'agit-il d'un expansionnisme très traditionnel. Peut-être sommes-nous en train d'assister à un double mouvement :

impériale sur l'échiquier économique mondial, la Chine réserve ses pulsions impérialistes, du moins pour l'instant, à sa périphérie immédiate. L'agitation au Bhoutan, le défi lancé à l'Inde pour quelques arpents de terre montrent, à l'instar des manœuvres en mer de Chine, une extrême sensibilité de Pékin à la préservation de son pré carré. La Chine se comporte pour l'instant comme une puissance du dix-neuvième siècle : très attentive à sa présence territoriale, aux aguets sur le plan stratégique et en revanche très entreprenante dans la sphère économique.

Mais s'agit-il d'une étape intermédiaire ? Une dynamique est-elle à l'œuvre qui poussera à une audace « bismarckienne » ? Cherchera-t-elle à combler les vides induits par l'isolationnisme américain ? Ira-t-elle même jusqu'à faire un pari sur l'immobilité des États-Unis en les testant à Taiwan ? Essaiera-t-elle, à propos de la Corée, une négociation, elle aussi de type dix-neuvième siècle, très congrès de Berlin, en troquant la réunification de la Corée contre sa neutralisation et la fin de son lien américain ? Échappera-t-elle aux méfiances historiques en faisant les yeux doux à un Japon qui trouverait de plus en plus fragile la protection américaine ? En fait, derrière son allure de puissance sûre d'elle-même, forte de son histoire, aux mouvements étudiés, la Chine sera, de tous les acteurs mondiaux, le plus imprévisible. Et cette incertitude sera accrue par un lien qui nous échappe avec les contraintes de la politique intérieure, la fibre nationaliste servant à assurer l'omnipotence du Parti communiste, face à une opinion que la dynamique capitaliste rendrait plus versatile et plus avide d'autonomie.

En fait, un pays est aussi prévisible sur l'échiquier mondial que la Chine l'est peu : la Russie. Celle-ci a toujours été dominée par la crainte obsidionale de l'encerclement, comme si ce territoire gigantesque risquait plus d'être encerclé que lui-même ne pèserait par sa taille et son poids sur ses voisins proches. De Pierre le Grand à Catherine II, d'Alexandre Ier à Staline, la pulsion de conquête a été la réponse naturelle à cette obsession. Avec ce passé à l'esprit, la stratégie de Poutine se lit à livre ouvert. L'Occident a réanimé cette angoisse, par naïveté ou inculture, après l'explosion de l'Union soviétique. Ainsi de notre incompréhension face à la question ukrainienne : nous avons oublié que le berceau de la Russie était ukrainien et que le premier tsar a été couronné à Kiev. Qu'aurions-nous, nous Français, pensé si le vieux duché de Bourgogne s'était détaché de la France ? Notre désir naïf de voir l'Ukraine rejoindre l'ouest du continent faisait l'impasse sur la schizophrénie ukrainienne, avec ses provinces occidentales catholiques tournées, héritage de l'Autriche-Hongrie, vers le monde germanique, et ses provinces orientales, orthodoxes, slavophiles, attirées par la Russie. Quand, forte de son ignorance de l'Histoire, l'administration Bush a soutenu l'entrée de l'Ukraine dans l'OTAN, elle témoignait, une fois de plus, de naïveté et d'inculture. Ce fut une chance que, conscients des réalités historiques, Angela Merkel et Nicolas Sarkozy aient mis leur veto à cette affaire.

C'était le produit d'une vision naïve de vouloir traiter les démembrements de l'Union soviétique comme les anciennes démocraties populaires et les États baltes. Pénétré de son expérience diplomatique, Henry Kissinger avait, depuis le début, affirmé qu'il fallait neutraliser l'Ukraine, à l'instar du statut de la Finlande, du temps de l'Union soviétique, c'est-à-dire troquer son droit à la démocratie et à l'économie de marché contre une posture stratégique de parfaite neutralité. C'est avec une même insouciance que les États-Unis ont agi dans le Caucase et en particulier en Géorgie, ignorant que la marche vers ces régions a constitué le ressort de la politique russe depuis le dix-septième siècle. De même avons-nous oublié que la Crimée était devenue ukrainienne et l'Abkhazie géorgienne parce que Khrouchtchev, ukrainien, et Staline, géorgien, avaient transféré ces régions par chauvinisme mais que ces changements s'apparentaient à un déplacement d'actifs, dans un groupe industriel, d'une filiale à 100 %, la République socialiste de Russie vers deux filiales, elles aussi à 100 %, les Républiques socialistes d'Ukraine et de Géorgie. De là, depuis 1991, un malaise qui s'est cristallisé à la première occasion.

Les Occidentaux n'ont pas été économes, avouons-le, d'autres humiliations à l'égard de Moscou, comme l'intervention au Kosovo, avec en particulier les bombardements d'une Serbie slave, historiquement liée à la Russie, ou lors du vote des Nations unies à propos de la guerre de Libye en n'affichant pas, au Conseil de sécurité, la perspective de la destruction du régime de Kadhafi. Il ne s'agit pas, entendons-nous bien, de prétendre qu'au nom d'une stabilité des relations internationales du type concert des nations, tel que le congrès de Vienne l'avait fondé en 1815, les pays occidentaux auraient dû s'opposer à la vague d'émancipation qui a soulevé les Républiques périphériques de l'Union soviétique.

Cela aurait été aller à rebours des valeurs que nous portons en bandoulière. Mais nous nous sommes conduits, pour une large part, à la suite d'États-Unis à l'époque messianiques et ignorants des héritages historiques, avec une naïveté qui ne participe pourtant pas de la culture européenne.

C'est la même ingénuité qui nous faisait penser que débarrassée du communisme, la Russie allait voguer vers l'économie de marché et l'État de droit, alors que si elle avait un peu connu la première dans les dernières décennies du tsarisme, elle ignorait tout du second. Il ne fallait pourtant pas être grand clerc pour comprendre que si le règlement sans le marché induisait le socialisme, le marché sans règlement allait donner naissance à la jungle capitaliste. Ne soyons pas étonnés de la nature et de la stratégie de la Russie poutinienne. Quand on mesure les difficultés de pays comme la Roumanie et la Bulgarie, pourtant membres de l'Union européenne, de se plier aux canons d'une économie régulée et non corrompue, comment s'étonner du développement des féodalités économiques et oligarchiques russes ? L'ancienne patrie du communisme a paradoxalement fabriqué ce que Marx dénommait la bourgeoisie « comprador », c'est-à-dire une classe de profiteurs sans instinct entrepreneurial, qui a bâti sa fortune sur l'appropriation des ressources minérales. Il existe des ADN économiques : les Chinois ont l'ADN du marché et du capitalisme, les Russes celui du monopole et de la rente.

De ce contexte naît une conviction absolue : le régime de Poutine n'est pas un accident temporaire sur la route d'une Russie démocratique, pro-occidentale, pacifique et bienveillante. Ce rêve-là est bon à remiser au magasin des naïvetés. Une démocratie, la plus illibérale de toutes, avec comme fondement un suffrage universel plus ou moins manipulé. Un capitalisme ploutocratique en symbiose avec le pouvoir politique. Un système juridique qui mime les institutions d'un État de droit sans les respecter. Une politique étrangère de puissance à l'ancienne, dans la filiation directe de l'histoire tsariste, aux aguets de toutes les opportunités pour élargir son pré carré. La volonté d'échapper au statut de puissance régionale auquel risquerait de la confiner son économie médiocre et de retrouver le rang qui fut le sien sous le communisme : celui d'une puissance mondiale. Une vision du monde dont le ressort unique est le rapport de force et dont les objectifs stratégiques sont limpides : la reconquête insidieuse des territoires perdus, quitte à remplacer le pouvoir d'hier par la simple influence. Une conception non coopérative – c'est-à-dire au minimum compétitive, au maximum confrontationnelle – des relations internationales. Une action clandestine aussi efficace que possible au sein d'un Occident friable et alangui en retrouvant la vieille culture du Komintern et du KGB. Nous nous sommes égarés dans les années quatre-vingt-dix à oublier l'Histoire ; comprenons, cette fois-ci, qu'elle est en train de se venger et retrouvons la capacité de traiter avec des joueurs non coopératifs, talent qu'aux époques précédentes, les grandes diplomaties occidentales possédaient au plus haut point.

Le « non-concert des nations » va s'enrichir de nouveaux acteurs. L'Inde au premier chef. Le temps est loin où Nehru s'était érigé en leader du monde non aligné et dominait, de son charisme naturel, la conférence de Bandung. Aucun de ses successeurs, y compris Indira Gandhi, ne s'était immiscé au banquet des Grands du monde. Seuls le conflit avec le Pakistan à propos du Cachemire et la méfiance viscérale à l'égard d'une Chine qui l'avait battue à plate couture pour une question de bornage frontalier déterminaient la politique étrangère de l'Inde. Cette époque de retenue et de discrétion est révolue. L'ascendant électoral pris par les nationalistes de Modi témoigne d'une résurgence patriotique mais c'est bien davantage la démographie, cette « infrastructure fondamentale », qui va pousser New Delhi à s'affirmer de plus en plus sur la scène internationale. Bientôt plus peuplée que la Chine, car s'étant abstenue d'une politique aussi restrictive que la règle d'un enfant maximum par foyer imposée par Pékin à sa population, dotée d'une pyramide des âges infiniment plus favorable, l'Inde se sentira beaucoup plus forte que dans le passé. Son dynamisme économique y contribuera : si la démocratie, ce miracle quotidien dans un pays de plus d'un milliard de citoyens, ne dope pas la croissance avec les mêmes moyens que la dictature du parti unique en Chine, le développement de grands groupes mieux insérés dans le capitalisme mondial que leurs équivalents chinois poussera New Delhi à s'affirmer. Enfin, le défi chinois ne peut qu'obliger l'Inde à vouloir peser dans les affaires du monde. Simplement impériale, la Chine sera déjà un danger pour elle ; hypothétiquement impérialiste, elle deviendra une vraie menace.

Dans ce contexte, le monde entier se tournera vers New Delhi. Avec des États-Unis repliés sur eux-mêmes et imprévisibles, quel parrain pourra rassurer tous les pays d'Asie, du Pakistan aux Philippines, de la Thaïlande au Japon, tous désireux d'échapper à la tutelle de Pékin ? L'Inde, seule puissance démographique et nucléaire en état de rivaliser avec la Chine. Quant aux pays occidentaux, ils auront naturellement tendance à se sentir plus à l'aise avec une démocratie qui a gardé de la mainmise britannique les institutions d'un État de droit et une élite encore rompue aux codes d'Oxford et de Cambridge. On imagine bien une ceinture de sécurité se constituer autour de la Chine avec deux ancrages forts, l'Inde, bien sûr, et un Japon remilitarisé même si, à vue humaine, son accès à l'arme nucléaire ne serait pas toléré et pourrait même provoquer une intervention préventive de la Chine. Dans cette région où les traumatismes historiques n'ont pas été transcendés comme en Europe, seule l'Inde est vierge de tout passif et de tout contentieux mémoriel. C'est un atout qui rendra encore plus aisé son ascendant.

Les lignes de force pour les prochaines années sont perceptibles : des États-Unis sur le reculoir ; une Chine expansionniste mais avec un impérialisme d'intensité incertaine ; une Russie revenue au jeu tsariste ; une Inde sûre d'elle-même qui sert de réassurance à la région et une Europe (cf. chapitre 9) puissance d'influence plus que de pouvoir.

Mais en l'absence d'un acteur de référence qui serve de quille au système, toutes les situations sont envisageables. Un statu quo durable, perturbé par des minicrises qu'un bon sens collectif arrivera à résoudre. À l'autre extrême, un mouvement inconsidéré d'un des acteurs qui obligera les États-Unis à se réinstaller au centre du jeu. Ce peut être, de la part de la Russie, la tentation de miner de l'intérieur un État balte, à l'instar de son action en Ukraine, ce qui pourrait redonner vie à l'article 5 du Pacte atlantique ou, plus improbable, un mouvement de même nature vers la Pologne qui équivaudrait, lui, à un geste authentiquement belliqueux. Du côté chinois, au-delà des escarmouches en mer de Chine, la provocation la plus naturelle est l'annexion de Taiwan. Ce serait un défi lancé aux États-Unis, mais d'une ampleur qui permet d'envisager en retour toutes les hypothèses : une intervention militaire ou une simple et violente crise diplomatique. Si le coup de patte touchait en revanche le Japon, même une administration américaine obstinément isolationniste ne pourrait demeurer aux abonnés absents. Au fond, une intervention russe en Estonie ou en Lettonie équivaudrait, dans la typologie des crises, à l'annexion de Taiwan par la Chine et une provocation de Moscou à l'égard de la Pologne à un geste belliqueux des Chinois vis-à-vis du Japon.

On voit bien que la stabilité du monde se joue sur les différentes réactions de Washington aux types de crises possibles. C'est l'effet des pulsions qui n'ont cessé de s'affirmer dans l'Amérique d'aujourd'hui et, par conséquent, de l'imprévisibilité des administrations américaines présentes et futures, car la fin de la présidence Trump ne signifiera pas, le moment venu, le retour au statu quo antérieur. Rien n'est pire, dans les relations internationales, que l'instabilité de la puissance dominante, quand elle veut se soustraire aux devoirs de sa charge. Une mauvaise anticipation de la part d'un des acteurs belliqueux et un engrenage épouvantable peut se mettre en route. Un monde sans chef de file est dangereux ! Il reproduit à l'échelle de la planète la situation qu'a connue l'Europe entre 1850 et 1914 : des équilibres incertains, des acteurs partiellement imprévisibles, des abcès de fixation multiples avec, à la clef, le risque d'enchaînements non maîtrisables et d'une montée aux extrêmes.

CHAPITRE 8

L'Eurafrique : un baril de poudre ?

Les faits, en démographie, sont têtus. 2,4 milliards d'Africains en 2050, soit un quart de l'humanité ; 4,5 milliards en 2100 ; 1,2 milliard de jeunes actifs toujours en 2050 ; un Africain sur deux aura alors moins de 18 ans ; 95 villes de plus d'un million d'habitants en 2030 ; des taux de fécondité en Afrique tropicale de cinq à six enfants par femme, de trois à quatre en Afrique australe, alors qu'en Afrique du Nord les taux sont comparables aux nôtres ; une mégapole de 2000 km de long de la Côte d'Ivoire jusqu'au Cameroun…

À l'intérieur de ce panorama vertigineux, il existe des zones à la démographie encore plus galopante. Ainsi au Sahel avec 6 à 8 enfants par femme en moyenne, une population qui va passer de 89 millions d'habitants en 2015 à 240 millions en 2050, puis 540 millions en 2100 avec plus de 200 millions pour le seul Niger.

Plus globalement, en 2100, l'Afrique représentera 40 % de la population mondiale, presque autant que l'Asie qui aura régressé de 60 % à 43 % du fait du ralentissement, puis du déclin de la démographie chinoise. Rien que de très normal dans ces chiffres faramineux : la transition démographique est plus tardive que sur les autres continents et l'Afrique vit, de ce point de vue, la période la plus délicate pendant laquelle la mortalité commence à baisser, sans que la fécondité connaisse le même déclin.

Le continent africain n'est pas homogène : écarts de fécondité importants entre le Nord et le Sud, l'Est et l'Ouest, les côtes et les régions continentales, les zones urbaines et le monde rural. Mais vues d'une Europe pétrifiée devant la vague migratoire, ces différences sont secondaires. À l'aune de ces chiffres, les préoccupations européennes sont mal orientées. Nous avons été obsédés par les réfugiés syriens ou afghans, mis sur les routes par des guerres soudaines, mais à l'échelle des difficultés que nous connaîtrons, ces flux-là demeurent des épiphénomènes. Ce sont d'ailleurs la Turquie – que nous payons pour ce faire –, la Jordanie et le Liban qui portent, de loin, le plus grand fardeau. La volonté des réfugiés de rester à proximité de leurs anciennes résidences témoigne de la perspective, fût-elle lointaine, de rentrer un jour chez eux. Sans doute le même diagnostic vaut-il pour certains réfugiés des conflits africains, en Érythrée, au Sud-Soudan. Mais, même si aujourd'hui les réfugiés d'origine africaine sont plus nombreux que les Syriens à essayer d'atteindre les côtes italiennes, ce n'est encore qu'un mince filet démographique, comparé aux flux qui nous attendent.

Le débat est posé aujourd'hui par les principaux pays européens dans des termes qui seront inadaptés face au défi africain. La « pensée unique » se résume, sauf chez les populistes xénophobes, à la distinction réfugiés politiques ou hommes et femmes issus de terrains de guerre versus migrants économiques. Pour les premiers s'appliquent soit le droit d'asile « plein » réservé aux victimes politiques, soit la « protection subsidiaire » pour les réfugiés de guerre. Quant aux seconds, ils ont vocation à être expulsés et le désir est unanime de les traiter avec une plus grande sévérité. Celle-ci commence par le renvoi de migrants en provenance de pays candidats à l'Union européenne, telle l'Albanie. C'est, en théorie, de l'ordre du bon sens : nul pays ne peut déposer sa demande d'adhésion s'il ne remplit pas les critères démocratiques clés ; voir dès lors ses ressortissants se présenter en victimes de persécutions politiques n'a aucun sens. Le problème n'est de ce fait qu'administratif et technique. Les citoyens de ces pays devraient être refoulés dès leur arrivée, afin d'éviter qu'ils s'enracinent dans le pays d'accueil au point de rendre difficile, voir inhumain, de les expulser. Pour les autres, réfugiés légitimement en quête d'asile ou de protection temporaire, les problèmes tiennent au fonctionnement de l'accord de Dublin, c'est-à-dire à l'obligation de traiter la demande dans le pays d'arrivée, ce qui impose aux Italiens et aux Grecs une charge indue. C'est, à suivre l'intensité des débats publics, un sujet majeur, alors que, comparé aux perspectives qui nous sont promises, c'est une simple question bureaucratique.

L'explosion démographique africaine n'appelle, sous peine de flux massifs d'immigration, que deux réponses : le contrôle des naissances et une croissance économique élevée. La fécondité africaine va diminuer. Le développement économique, l'urbanisation, l'insertion dans un monde globalisé, l'harmonisation des modes de vie, l'aspiration des femmes à l'autonomie professionnelle, l'évolution des mentalités : autant de facteurs qui exerceront les mêmes effets qu'ailleurs. Y a-t-il une chance que les gouvernements soient en état d'accentuer cette évolution naturelle ? L'Afrique n'est pas la Chine avec son système de pouvoirs centralisé, sa capacité d'imposer avec brutalité la politique de l'enfant unique. Comment l'Occident peut-il aider les gouvernements africains à développer le contrôle des naissances ?

Quant à la croissance, elle ne correspond plus heureusement aux échecs de l'époque de René Dumont avec son « Afrique noire est mal partie ». Les organisations internationales ne cessent de produire des séries statistiques selon lesquelles l'Afrique serait au contraire bien partie... Les indices rassurants sont innombrables : investissements massifs des Chinois dans les matières premières ; développement de trop rares spécialités industrielles internationales ; émergence de « tycoons » africains ; essor d'une classe moyenne avide de consommer ; court-circuit technologique avec les portables qui permettent de contourner l'absence de réseaux fixes ; équipements portuaires de bon niveau : les indices existent d'un décollage économique pour la première fois crédible. C'est un phénomène qui s'accompagne évidemment de grandes disparités entre l'Ouest et l'Est, mais surtout entre les pays côtiers et une Afrique centrale en déshérence.

Mais il existe une seule question qui vaille : qu'en est-il de la course de vitesse entre la démographie et l'économie ? L'accélération de la croissance est-elle suffisante pour compenser la hausse de la population et surtout accroître le niveau de vie individuel de chaque Africain dans des proportions telles que l'écart avec l'Europe se réduise ? C'est, vu de notre balcon et donc dans un esprit égoïste, la quintessence du problème. Si l'abyssale différence entre le produit intérieur par tête des Européens et des Africains se perpétue, voire s'accroît, l'Europe sera confrontée à des flux migratoires d'une ampleur telle que les difficultés actuelles en matière d'immigration paraîtront de la « roupie de sansonnet ».

Le pronostic macroéconomique sur la croissance africaine est aléatoire. L'incertitude des données statistiques, l'existence d'une économie informelle massive, mais peu prise en compte, rendent tout chiffrage délicat. S'y ajoute, plus essentielle, un aléa comme peu d'économies en connaissent à cette échelle, une indexation massive sur les prix du pétrole et des matières premières. Dans la division internationale du travail qu'induit la mondialisation, l'Afrique demeurera essentiellement une source de matières premières, quels que soient ses progrès, ici ou là, pour bâtir une économie productive. Aussi son propre tonus est-il dépendant de la croissance mondiale et ce avec un facteur multiplicatif, tant le prix des matières premières amplifie les mouvements de l'économie globalisée vers le haut mais aussi vers le bas. Toutefois, même avec l'environnement international le plus favorable et donc des recettes minières et pétrolières considérables, demeure la question clé de la transmission de cette manne à l'ensemble du système économique de chaque pays concerné et à travers lui, à toute la population. Ceci suppose une gouvernance politique de bon niveau, une économie de marché efficace, l'effacement des rentes, la marginalisation des kleptocrates et profiteurs de tous acabits, toutes conditions dont rien ne garantit la réalisation.

L'Europe et l'Afrique seront encore plus liées à l'avenir qu'elles ne l'étaient dans le passé. L'Eurafrique va exister, de gré ou de force. Quel est l'intérêt profond des Européens ? D'aucuns, très minoritaires, plaideront que des transferts massifs de population du sud de la Méditerranée vers nos vieux pays sont une aubaine et que cette réponse aux écarts de niveaux de vie est naturelle et saine. Seules, une confiance aveugle dans les mécanismes de rééquilibrage et une confondante naïveté politique peuvent conduire à de telles assertions. C'est faire fi des remugles délétères qui traversent nos sociétés, du lien consubstantiel entre l'ascension du populisme et la crainte de l'immigration, de la peur qu'engendre la globalisation. Quel homme public va aller haranguer son peuple en proclamant *urbi et orbi* que des millions d'Africains vont arriver sur le sol européen, que ce phénomène va modifier en profondeur nos sociétés et que nous devons nous y préparer, en anticipant les changements nécessaires ? Ce serait aujourd'hui un suicide politique et rien ne permet d'imaginer qu'il en ira différemment demain.

À l'autre extrême du spectre des réactions, se profilera un discours du type : rien n'est possible avec l'Afrique ; enfermons-nous, cadenassons-nous, prenons toutes les mesures, y compris les moins conformes à l'État de droit, pour faire de la Méditerranée un mur à l'instar de celui que Trump veut édifier à la frontière mexicaine. Une telle attitude changera *nolens volens* le fonctionnement de nos démocraties. Contenir les flux actuels de réfugiés conduit déjà à des entorses à l'habeas corpus : elles demeurent, pour l'instant, limitées. Mais les transferts attendus d'Afrique seront, dans quelques années, incommensurables. Ils amèneront ces extrémistes à essayer d'« arrêter la mer avec leurs mains ». Camps de rétention, effacement de fait du droit d'asile, durcissement policier, chasse aux sans-papiers, expulsions judiciaires sans garde-fous : autant d'ingrédients d'une démocratie illibérale qui ne mèneront, de surcroît, à rien.

Comment les Européens peuvent-ils essayer de gérer l'Eurafrique sans basculer soit dans une naïveté malvenue, soit dans une violence malsaine ? Nos objectifs sont en théorie simples : favoriser le contrôle des naissances, donner un coup d'accélérateur massif à la croissance du continent. Ils se situent dans un contexte politique qui rend difficile toute manœuvre. La puissance grandissante de la repentance, le poids des remords sincères, la bien-pensance dominante créent un risque permanent d'être taxés de néocolonialisme. Or toute action exige de peser sur la gouvernance des pays africains de façon à éviter, en matière sanitaire ou économique, les « pertes en ligne ». Mais les aides conditionnelles, les pressions morales, les dénonciations publiques peuvent être facilement retournées contre nous et apparaître comme la version « light » du néocolonialisme.

C'est la quadrature du cercle. Il faudrait une Europe à son meilleur pour mener à bien une opération de contrôle des naissances d'une telle ampleur. Or il est inutile d'en rêver. Il ne reste, dès lors, qu'à accompagner les administrations de santé africaines en jouant les conseillers de l'ombre, à la manière, dans un tout autre ordre, des conseillers spéciaux américains auprès des troupes de Bagdad. Il serait de bon sens de lier les aides les plus significatives au respect des engagements pris par les divers États en termes de contrôle des naissances, mais sans doute faudra-t-il une résolution sans faille de la part des Européens pour n'être inhibés ni par leur mauvaise conscience, ni par les cris d'orfraie de l'intelligentsia, ni par la rhétorique souverainiste des gouvernants africains. Une telle action a en effet un parfum néocolonialiste si elle est menée avec le sérieux requis. Mais nécessité fait loi. Afin, de surcroît, d'éviter à Conakry, Bamako ou ailleurs des réactions violemment hostiles, il faut que les Européens se montrent aussi bienveillants et coopératifs que fermes.

Cet impératif du contrôle des naissances est indissociable du gigantesque « plan Marshall » pour l'Afrique que l'Europe doit lancer. Angela Merkel l'a compris, mieux que quiconque, qui a été, en juin 2017, à l'origine de la seule initiative européenne en la matière. Mais ce n'étaient que les prémices de ce qui doit être fait. Sans entrer dans le jeu sans fin des chiffres vertigineux, ce sont au moins des centaines de milliards d'euros qu'il faudrait injecter dans l'économie africaine. La seule certitude est qu'ils ne peuvent venir de budgets nationaux exsangues, exception faite de l'Allemagne. Il n'y a pas d'autre voie que d'endetter massivement l'Union européenne sur son propre crédit, pour financer sa contribution aux côtés des grands organismes internationaux et de capitaux privés. Tout endettement de l'Union équivaut à une mutualisation de dettes entre pays européens. Si traditionnellement rétive à cette perspective, l'Allemagne l'accepterait-elle ? Sur le terrain du développement africain, peut-être, tant la conscience de l'enjeu démographique est grande outre-Rhin. Mais c'est, à n'en pas douter, une tâche pharaonique à l'aune de laquelle le plan Juncker est un enfantillage. Emprunts de l'Union européenne, mobilisation des organismes internationaux, émission de « DTS » – les droits de tirage spéciaux – du Fonds monétaire international, quête de l'épargne internationale à travers des institutions financières dédiées, gestion et répartition des crédits d'investissement entre les pays, accords de coopération avec les États africains, règles de gouvernance, dispositifs anti-corruption, mécanismes de contrôles *a posteriori* : chacune de ces tâches est déjà gigantesque ; toutes semblent une ambition à la Sisyphe. S'ajoute, de surcroît, un pari macroéconomique : c'est imaginer efficace cette politique « hyper-keynésienne » alors que les doutes demeurent déjà sur les effets du keynésianisme dans les pays développés où la dépense publique est pourtant canalisée avec professionnalisme.

Mais si l'action est incertaine et herculéenne, l'inaction est gage d'un désastre pour l'ensemble de l'Eurafrique. Pour sa dimension africaine d'abord, avec les transferts massifs de population des régions les plus pauvres et les plus explosives sur le plan démographique vers les zones côtières, plus prospères mais inaptes à recevoir de tels flux sans risquer d'y engloutir les premiers effets de la croissance économique. Pour sa partie européenne, qui sera submergée par des migrants cherchant un trou de souris pour passer depuis les enclaves espagnoles au Maroc jusqu'à la frontière libyo-égyptienne.

De toutes les lignes d'horizon qui déterminent notre avenir, le destin de l'Eurafrique est à la fois le plus menaçant, le moins contrôlable et néanmoins le plus ignoré. D'où vient notre cécité collective ? La peur d'alimenter les fantasmes anti-immigration et donc une préférence inconsciente pour la « politique de l'autruche » ? Le désarroi devant l'absence de solutions évidentes ? La dérobade devant l'ampleur des tâches qu'induirait toute action à la mesure du défi ? La mauvaise conscience coloniale face à l'évocation d'un sujet susceptible de provoquer des crispations anticolonialistes ? La simple lâcheté collective ? Le résultat est incontestable : nous avons décidé d'ignorer le baril de poudre démographique sur lequel nous dansons.

Chapitre 9

L'Europe ressuscitée ?

Ce n'est pas le seul narcissisme européen qui amène à attribuer à l'Europe un rôle cardinal dans l'évolution du monde. Une Europe unie et forte est un facteur clé pour l'équilibre de la planète. Une Europe en lambeaux accentue les risques d'explosion mondiale. Une Europe en lente déliquescence est une occasion ratée.

Nous sommes aujourd'hui bercés par les discours pro-européens et anti-européens. Au titre des premiers : la paix sur le continent, l'édification d'un système de valeurs sans égal, le surcroît de prospérité, les libres mouvements de biens, services et surtout individus, les avantages du grand marché, la réussite de l'euro à rebours de toutes les prévisions anglo-saxonnes, la naissance d'un esprit et d'une mentalité communs, le fonctionnement complexe mais harmonieux d'une construction politique sans précédent dans l'Histoire, la capacité de chaque État membre de projeter son influence à travers l'Union... De l'autre côté : une organisation sans lien avec les populations, la déliquescence des souverainetés nationales, la bureaucratisation, l'illusion du projet, la domination exacerbée du libéralisme, la contagion de l'austérité allemande, le carcan monétaire, les frontières devenues des passoires, la dictature d'élites déconnectées de la réalité...

Hors de cet éternel débat idéologique, dont les derniers développements montrent un renforcement des thèses anti-européennes aux dépens d'une pensée pro-européenne, qui s'assimila, il est vrai, longtemps à une « pensée unique », l'état des lieux mêle indissolublement fragilité et résilience, faiblesse et force, crises récurrentes et survie permanente.

La première crise est politique : elle met en cause la légitimité du projet européen, dès lors que les populations ne semblent plus le faire naturellement leur. L'adhésion à la construction communautaire baisse dans tous les pays ; le discrédit atteint des proportions stupéfiantes dans un État membre autrefois viscéralement pro-européen comme l'Italie ; les antiennes souverainistes se répandent partout et les partis politiques anti-européens réussissent le paradoxe de créer une « internationale » hostile au plus international des projets ; l'indifférence ne cesse de croître lors des élections au Parlement européen ; le dossard pro-européen semblait un handicap insurmontable dans les élections nationales jusqu'au « miracle Macron » dont nul ne sait encore s'il s'agit d'une exception ou de l'anticipation d'un retournement de tendance.

Deuxième crise, semblait-il du moins il y a dix-huit mois : le Brexit, c'est-à-dire le coup de tonnerre d'un des plus importants pays européens tournant le dos à l'Union. Le choc s'est atténué au fil des jours, voire renversé. Au lieu de s'égailler dans la nature à la suite de l'échappée britannique, les « vingt-sept » ont, à la surprise de beaucoup, serré les rangs et même les États membres les plus proches idéologiquement du Royaume-Uni ont fait corps avec leurs partenaires pour former, face à Londres, un front uni. La situation a tellement évolué que la perspective d'une marche arrière n'est plus exclue et que s'insinue progressivement le désir anglais d'un accord qui relève de l'étrange principe – en être sans y être. Quant à la déliquescence de la classe politique britannique face à cet enjeu majeur, elle commence à servir de leçon aux hommes politiques continentaux en leur montrant que jouer avec l'Union brûle violemment les doigts. Mais, nonobstant une évolution politique et économique qui donne raison à 150 % aux partisans du « Bremain », le référendum britannique a montré une fois de plus que soumettre l'Europe au suffrage universel se termine presque toujours mal, comme en avaient témoigné en leurs temps les scrutins français et néerlandais en 2005, voire même le référendum français de 1992 à propos du traité de Maastricht, gagné d'un souffle par François Mitterrand. Cette réalité pousse à une réaction empirique : l'Europe est une affaire trop importante pour dépendre des aléas inhérents à un référendum. C'est certes une pétition de principes peu glorieuse, puisqu'elle équivaut à acter que seule une action camouflée et éloignée des électeurs peut contribuer au renforcement de l'Union. Sans doute est-ce aujourd'hui inévitable mais c'est la mesure de la difficile relation entre les peuples et l'idée européenne.

Autre crise en germe : la distance de plus en plus grande entre certains États membres, autrefois satellites de l'Union soviétique, et le reste de l'Union. Il serait en effet maladroit de dire que naît un conflit entre l'est et l'ouest du continent, puisque les États baltes sont des élèves modèles et se sont moulés avec un grand naturel dans le système de valeurs de l'Union européenne. La tension est naturellement plus grande avec les démocraties illibérales, Hongrie et Pologne – nous l'avons vu –, mais les miasmes du populisme et de la corruption atteignent les autres États de la région. Chez aucun d'entre eux, exception faite de la Slovénie, seul pays de l'Europe centrale membre de la zone euro, l'Europe apparaît comme une référence morale et un système de valeurs. C'est un marché dont, forts de leurs bas coûts de main-d'œuvre et d'une productivité de niveau presque allemand, les anciennes démocraties populaires tirent le meilleur parti, et c'est aussi un système de redistribution, à travers les fonds structurels, dont ces États profitent abondamment. En termes économiques, ils bénéficient, de ce fait, d'une double bonanza. En revanche, les règles de comportement auxquelles l'Union est attachée leur sont indifférentes. Ainsi par exemple en Roumanie, Bulgarie, voire en Slovaquie, la lutte contre la corruption est-elle menée du bout des lèvres et sans grande conviction. Ces pays ressemblent sur ce plan-là davantage à l'Ukraine qu'aux Pays-Bas, à la Russie qu'à l'Autriche. De même en matière de libertés publiques a-t-on l'impression que le respect des normes européennes apparaît plus comme une obligation que comme une revendication venue du fond de la population. Ce serait injurieux de comparer les gouvernements tchèques et hongrois ou roumains et polonais mais, sauf exception très minoritaire, l'âme de l'Europe centrale diffère de l'utopie européenne, telle qu'elle s'est diffusée à l'Ouest. Si l'Union européenne demeure dans l'entre-deux où elle se complaît depuis longtemps, ces divergences seront maîtrisables. En cas, en revanche, d'intégration plus ambitieuse de l'Europe, l'art et la manière avec lesquels ces États traîneront la patte susciteront un malaise profond, de sorte que le clivage entre les deux parties du continent s'aggravera. C'est une évolution qui va à rebours de l'idéalisme des pères fondateurs et de leurs successeurs : elle démontre *a fortiori* que, si la construction communautaire s'était limitée aux éléments économiques et financiers, simple marché accompagné d'une péréquation budgétaire, elle aurait été encore plus fragile et moins légitime.

Dernier avatar de crise, aurait-on avancé il y a cinq ans : les risques de disparition de l'euro. Lorsque la monnaie unique a été portée sur les fonts baptismaux, nul n'aurait pensé que les écarts enregistrés auparavant en matière de taux de change se transformeraient en différences de taux sur les dettes souveraines. Les concepteurs de l'euro imaginaient, comme cela s'est passé pendant près de dix ans, que les États membres ne se financeraient pas à des taux plus éloignés les uns des autres que les États de la Confédération canadienne. La crise des « spreads », c'est-à-dire la conviction soudaine qu'un État pouvait, à l'instar d'une entreprise, faire faillite, a pris au dépourvu des gouvernements nationaux et des institutions européennes qui baignaient dans l'irénisme. Mais comme toujours, dos au mur, l'Europe a repris le dessus. Du côté des gouvernements, avec la mise en place de fonds-boucliers et les premiers pas de l'union bancaire ; du côté de la Banque centrale européenne, grâce à l'abandon du dogme allemand, à une politique monétaire hétérodoxe et à l'habile maniement des marchés par un Mario Draghi qui sait combien quelques mots jetés à bon escient pèsent davantage que des dizaines de milliards dépensés à contre-emploi.

Mais la vie de l'Union est ainsi faite que la crise de l'euro résolue, une autre secousse s'est produite avec la lame de fond des migrants. Elle est, à la limite, plus grave, car elle ne peut se résoudre à coups de mesures techniques et d'hétérodoxie monétaire. Elle interpelle les valeurs morales de l'Union, dirige à cet égard le projecteur sur le schisme entre l'est et l'ouest du continent, alimente le populisme, préfigure les phénomènes d'une tout autre ampleur que nous promet la démographie africaine et risque de détruire une des constructions communautaires les plus symboliques de l'Europe, l'espace Schengen. C'est au fond « la crise des crises ». On y retrouve l'appétit décroissant des populations à l'égard de l'Europe, les tensions entre les démocraties illibérales et les démocraties morales de l'Ouest, et le sentiment de forteresse assiégée du continent. D'aucuns essaieront de classer les réactions, face à l'arrivée des migrants, en fonction du socle religieux des pays et donc avec un hommage rendu aux pays protestants du Nord, au nom du préjugé que le calvinisme et le luthéranisme sont des religions plus morales. Ce serait très injuste car, emblématiquement catholique, l'Italie encaisse le premier choc des migrations méditerranéennes avec un calme et une générosité qui laissent pantois. Quant à la France, elle se fait malheureusement discrète, se montre solidaire *a minima*, avec le double alibi de son chômage massif et de la menace de l'extrême droite. Mais de tous les défis qu'affrontera l'Union dans les dix ans à venir, celui-ci est sans doute le plus menaçant parce que le plus insoluble.

Dans ce contexte complexe émergent deux nouvelles réalités : l'Union est « indétricotable » et elle vient de trouver avec Trump, Poutine, Erdoğan trois parrains involontaires. Pour qui fait preuve d'empirisme, l'affaire du Brexit est une démonstration par l'absurde de l'impossibilité pour un État membre de quitter l'Union. Solde à payer, traitement des citoyens expatriés, accords commerciaux, juridictions communes, rapatriement législatif et réglementaire, période de transition : c'est « mission impossible », y compris pour une bureaucratie aussi professionnelle que celle de Whitehall. Qu'en serait-il pour des administrations infiniment moins armées, telles la polonaise ou la hongroise ? Sortir de l'euro serait dix fois plus complexe. Pendant la période d'incertitude qui accompagnerait dans un pays la confirmation politique d'un tel choix, et ensuite la négociation, les « spreads » de la dette nationale s'envoleraient et passeraient un licol au gouvernement en passe de lancer une telle opération. Quitter l'euro de façon délibérée est en fait impossible.

Peut-on dès lors en être expulsé ? C'est sans doute possible pour un petit pays et les Allemands avaient été très loin dans une réflexion de cet ordre à propos de la Grèce, quitte à envisager la mise en place d'amortisseurs multiples, mais c'est inconcevable pour un État membre important. Les conséquences seraient épouvantables pour lui mais aussi dramatiques pour tous ses partenaires et même gravissimes pour les tiers, États-Unis en tête. Le séisme de 2008 lié à la faillite de Lehman Brothers serait une « partie de plaisir » comparé par exemple à l'expulsion d'une Italie aux prises avec un gouvernement bouffon type Cinque Stelle.

Chacun a fait longtemps sienne, à propos de l'Europe, la pétition de principes que si celle-ci n'avançait pas, elle reculait et qu'à force de reculades, elle disparaîtrait. C'est faux : l'Europe est indestructible mais sa survie peut être assurée sous certaines circonstances dans un climat de rancœurs, de frustrations et d'hostilité des opinions publiques. Dire aux citoyens européens « peu importent vos sentiments vis-à-vis de l'Europe, elle vous survivra » n'est pas grisant en termes démocratiques. Ce peut être un propos qui alimente les populismes, contribue à les pousser jusqu'au pouvoir avant, qu'une fois aux commandes, ils ne se cassent les dents sur le mur européen. Mais un tel scénario n'est guère excitant, même s'il démontre par l'absurde la dimension insubmersible de l'Union.

La nouvelle donne stratégique, en apparence catastrophique, est en revanche une paradoxale bénédiction. Quel était notre environnement en 2000 ? Des États-Unis viscéralement attachés à l'OTAN et à son corollaire l'Union européenne ; une Russie fascinée par l'aimant communautaire au point de rêver non d'y adhérer mais de s'y associer ; une Turquie qui faisait prévaloir son visage européen par rapport à son ancrage oriental, afin de renforcer sa candidature vis-à-vis de Bruxelles. La situation est aujourd'hui totalement symétrique. Même si l'administration Trump ne répète pas les antiennes du candidat Trump sur la non-automaticité de l'article 5 du traité de l'Atlantique Nord, sur les mérites du Brexit et sur l'échec programmé d'une Union bureaucratique et totalitaire, les Européens n'ont aucune bienveillance à attendre de Washington et ne peuvent miser sur une solidarité inconditionnelle. Quant à la Russie, elle est passée de la fascination à la froideur, puis de celle-ci à l'hostilité, voire à une forme de guerre froide au point de multiplier les actions de type KGB nouveau style – les attaques Internet – autant qu'ancienne manière… Affaiblir l'Union par une pression extérieure sur les maillons faibles, les États baltes au premier chef, et par de subtiles opérations de déstabilisation intérieure constitue désormais l'alpha et l'oméga de la politique russe. La Turquie de son côté a décidé de tourner le dos aux valeurs démocratiques de l'Union et de jouer son avenir à l'Est dans une illusoire tentation ottomane, tout en gardant une capacité de chantage à l'égard de l'Europe en utilisant le robinet des réfugiés syriens.

L'Europe est donc cernée. Son isolement a une conséquence immédiate : il crée une solidarité de fait entre les Européens. Ils se sentent plus unis dans un monde hostile qu'ils ne l'étaient quand les puissances tierces les admiraient et leur souriaient. Forte de son génial bon sens, Angela Merkel a dit l'essentiel : les Européens ne peuvent compter que sur leurs propres forces. Ce n'est enfin céder ni à l'égocentrisme français, ni à un « macronisme » maladif que d'affirmer combien l'arrivée au pouvoir d'un chef d'État dont l'engagement européen renoue avec la tradition de Mitterrand et Delors peut changer la donne européenne. L'axe franco-allemand redevient décisif, dès lors que les Français donnent un minimum de gages de sérieux à une Allemagne qui continue à considérer l'économie, ainsi que le dit Mario Monti, comme une catégorie de la morale. C'est la stratégie française : retrouver une crédibilité économique et dépenser le capital politique ainsi reconstitué au profit d'une ambition de grande ampleur, quitte à tordre le bras d'une Allemagne davantage portée au maintien du *statu quo*.

Dans le nouveau contexte d'insécurité stratégique, la France retrouve un avantage vis-à-vis de Berlin, susceptible de rééquilibrer son handicap sur le plan économique. Avec un Royaume-Uni désormais aux abonnés absents, les Français sont les seuls à disposer à la fois d'une force nucléaire indépendante et d'une capacité d'intervention sur des théâtres d'opérations extérieures. Ce qui était hier impensable – une garantie nucléaire offerte à l'Allemagne – devient désormais plausible. Dès lors que les Allemands ont le sentiment, à tort ou à raison, qu'ils ne sont plus à l'abri de l'ombrelle atomique américaine, ils ne peuvent trouver d'assurance vie que du côté français, c'est-à-dire demander que leur territoire appartienne explicitement à la zone des « intérêts vitaux », telle que notre doctrine nucléaire la considère.

Puisque l'Union européenne est « indétricotable », il n'existe pour elle que deux avenirs possibles : l'affadissement ou le « grand bond en avant », comme disait le président Mao. L'affadissement équivaut à plusieurs années de *statu quo* sur l'essentiel, assorties de progrès empiriques décidés dans l'urgence, pour répondre à des spasmes ponctuels à propos du système financier, d'immigration ou d'équilibre politique. C'est la perpétuation de l'Europe telle qu'elle fonctionne depuis dix ans : capable de résoudre la crise grecque, de prendre des mesures sur la question des réfugiés, de tenir une position cohérente vis-à-vis du Brexit, mais de le faire dans la douleur et l'urgence, c'est-à-dire sans retirer le moindre avantage politique de ces pas en avant et sans offrir de vraie ligne de défense face à la vague de fond populiste. L'achèvement de l'union bancaire, l'instauration d'un petit fonds d'intervention, la confusion sur une même personne de la présidence de l'Eurogroupe et du poste de Commissaire aux affaires économiques : ce seraient, parmi d'autres, des avancées qui renforceraient la machine européenne mais ne changeraient pas l'idée que les peuples continueront à se faire de l'Europe.

Le « grand bond en avant » n'a rien de commun avec le vieux projet fédéral auquel je demeure, pour ma part, attaché comme beaucoup d'Européens de ma génération : celui-ci est en effet hors de l'épure politique, tant les opinions publiques se sont cabrées sur ce sujet. Aussi ce bond-là s'assimile-t-il à des pas en avant simultanés dans les multiples ordres de la construction communautaire. Dans l'univers stratégique au premier chef : c'est l'extension de nos « intérêts vitaux » aux membres, peu ou prou, de l'Eurogroupe. L'Allemagne y figure en premier lieu, comme l'Italie ou l'Espagne, mais la Pologne, la Hongrie, voire la Roumanie ou la Bulgarie n'en seraient pas. Ce serait illusoire d'imaginer que la France accepte le risque de la vitrification nucléaire pour Varsovie comme pour Berlin, pour Budapest comme pour Vienne. Ceci signifie aussi dans l'ordre militaire conventionnel : la création d'un fonds d'investissement significatif susceptible de lever des dettes ; l'intégration des forces d'intervention ; l'établissement d'un véritable état-major européen ; certaines formes de transfert qui obligeraient les Allemands à participer au financement des armées françaises ou italiennes, lesquelles servent volontiers de mercenaires au service de l'Union.

Dans l'ordre économique, les progrès se mesurent à l'amplification du budget européen, à l'instauration de fonds, comme dans le domaine des infrastructures, financés – *horresco referens* aux yeux des Allemands – par des eurobonds, l'achèvement de l'union bancaire, l'unification des marchés de capitaux, la création d'un ministère européen des Finances avec droit de veto sur les budgets nationaux.

Dans le domaine politique, ce sont des accords institutionnels à tous les étages de la fusée européenne qui symboliseraient le « grand bond en avant ». Entre Français et Allemands un nouveau traité de l'Élysée, afin de donner davantage d'épaisseur au couple moteur de l'Europe. Ambassadeurs élevés au rang de ministres et participant de droit au Conseil des ministres du pays frère. Rencontres régulières entre les Assemblées parlementaires et leurs commissions ainsi qu'entre les autorités administratives indépendantes : par exemple entre l'Autorité de la concurrence et le Bundeskartellamt[1]. Forums sectoriels entre les sociétés civiles – médias, associations, fondations culturelles. La symbolique serait très forte et affirmerait haut et clair combien la symbiose franco-allemande se voudrait le fondement d'une Europe en voie de résurrection.

Entre les membres de l'eurozone : une « coopération renforcée » organiserait, au-delà des mesures techniques, un Parlement issu des

1. Autorité allemande de la concurrence.

Parlements nationaux, une responsabilité du commissaire-président de l'Eurogroupe devant cette instance, des mécanismes de vote à la majorité qualifiée sur tous les sujets économiques.

Enfin à l'échelon des « vingt-sept », la capacité de donner des signes institutionnels serait beaucoup plus faible, compte tenu de la dissidence des démocraties illibérales. Toucher au traité serait ouvrir une boîte de Pandore. Mais si la zone euro devient une réalité institutionnelle, l'union à « vingt-sept » pourrait trouver des flexibilités, au point peut-être d'offrir aux Anglais une porte de sortie pour échapper à un Brexit suicidaire, avec par exemple un effort de subsidiarité restituant aux États membres des attributions qui n'ont pas leur place au niveau supranational comme, petit exemple, la chasse à courre dont la réglementation par Bruxelles a rendu les Anglais verts de rage. Ces modifications institutionnelles ne sont pas utopiques. Ce sont des actes politiques infiniment moins bouleversants que l'étaient la CECA, le traité de Rome, le grand marché, Schengen ou surtout l'euro.

Des trois hypothèses, quelle est la plus plausible, indépendamment des actes de foi que fait l'Européen convaincu que je suis ? Le détricotage est exclu : impossible. L'affadissement serait la plus probable, si un concours de circonstances ne s'était pas produit avec la résurrection d'adversaires déterminés, la déshérence britanique, la présence de voisins peu coopératifs et le miracle électoral de dirigeants français et allemands à l'unisson et europhiles. Aussi, par conviction, raison, rêve, crois-je à un « grand bond en avant » aussi empreint de libertés et de progrès que son prédécesseur chinois l'était de totalitarisme et de folie.

Conclusion

Ce ne sont pas tous les problèmes du monde qui se profilent entre ces lignes d'horizon. Aujourd'hui la crise coréenne, demain un autre spasme mettront en jeu la capacité de réaction et d'intelligence collective des gouvernants du monde entier. Mais il existe dans l'action publique deux tempos : l'extinction des incendies, la prise en compte des risques lointains. Les dernières décennies ont montré combien nous étions facilement pris par surprise. La guerre de Yougoslavie, à la fin des années quatre-vingt-dix, a dégénéré du fait de notre cécité, aveuglés comme nous l'étions par les séquelles de la guerre froide et de notre incapacité de traiter les crises « à l'ancienne » dont un monde trop stable nous avait fait perdre l'habitude. À l'inverse, la crise financière n'a pas débouché sur un drame du type des années trente, car les gouvernants politiques et monétaires avaient tous à l'esprit le contre-exemple de la Grande Dépression et, à défaut de savoir exactement quoi faire, ils n'ignoraient pas ce qu'il ne fallait à aucun prix entreprendre. Si les États-Unis avaient aussi bien connu l'histoire du Moyen-Orient que l'enchaînement macroéconomique fatal des années trente, sans doute se seraient-ils comportés plus intelligemment qu'ils ne l'ont fait, après le 11 septembre 2001, dans l'imbroglio du Levant. Il faut, dans le monde d'aujourd'hui, une « double focale » : un œil en quête des bouleversements à venir, un autre sur le rétroviseur afin de tirer les leçons des échecs et succès du passé. C'est ce dédoublement-là qui fait le plus défaut. Par pusillanimité, devant le jeu vertigineux auquel s'assimile toute anticipation du futur ; par méconnaissance, d'une manière souvent saisissante, des leçons du passé. Or, paradoxalement, la plus humble des prospectives et la plus vaste culture historique ont partie liée. Ce sont, en dehors de l'intelligence tactique et de la maîtrise des mécanismes de pouvoir, les deux armes essentielles de ceux qui se rêveraient « sujets de l'Histoire » comme disait Hegel, et non « simples objets ».

TABLE

DU MÊME AUTEUR

chez d'autres éditeurs :

CONTREPOINTS, *recueil d'articles*, Le Livre de Poche, 1993.

DEUX FRANCE ?, *avec Philippe Séguin et Éric Laurent*, Plon, 1994.

LA FRANCE DE L'AN 2000, Odile Jacob, 1994.

L'IVRESSE DÉMOCRATIQUE, Gallimard, 1994.

ANTIPORTRAITS, Gallimard, 1995.

LA MONDIALISATION HEUREUSE, Plon, 1997.

LOUIS NAPOLÉON REVISITÉ, Gallimard, 1997.

AU NOM DE LA LOI, Gallimard, 1998.

SPINOZA, UN ROMAN JUIF, Gallimard, 1999.

LE FRACAS DU MONDE : JOURNAL DE L'ANNÉE 2001, Le Seuil, 2002.

JE PERSISTE ET JE SIGNE, CONTREPOINTS II, *recueil d'articles*, Le livre de Poche, 2002.

Composition réalisée par Belle Page

Cet ouvrage a été imprimé par
CPI BRODARD ET TAUPIN
pour le compte des Éditions Grasset
en décembre 2017

PAPIER À BASE DE
FIBRES CERTIFIÉES

Grasset s'engage pour
l'environnement en réduisant
l'empreinte carbone de ses livres.
Celle de cet exemplaire est de :
300 g Éq. CO_2
Rendez-vous sur
www.grasset-durable.fr

N° d'édition : 20213 – N° d'impression : 3026553
Dépôt légal : janvier 2018
Imprimé en France